# 奈良 地理 地名 地圖之謎

## 【奈良不思議！】～前言～

奈良充滿許多「謎團」——這句話可能會引來其他都道府縣的抗議，不過一旦謎團涉及「古代歷史」，相信沒幾個都道府縣能與奈良抗衡。

如同《古事記》與《日本書紀》上所記載，奈良縣是日本第一個首都的所在地，也是古代日本的中心地區。

說起古代日本最大的謎團，就想到「邪馬台國」。有人認為邪馬台國位在畿內[1]，也有人認為在九州，至今仍是爭論不休、尚無定論。不過，最近奈良縣內陸續發現了考古學上可供解開謎團的有力線索，即位於櫻井市的纏向遺跡與箸墓古墳。

「謎團」不只限於古代。隨著時光流逝，過去認為理所當然的「常識」也會變成「謎團」。特別是在「地理．地名．地圖」方面，歷史愈悠久的土地「謎團」也愈多。

從平城京遷都至平安京後，奈良在歷史舞台上雖退居二線，然而自平安時代以來直至今日，這裡一直都上演著波瀾壯闊的歷史。

說起奈良最具代表性的佛像，便是東大寺的奈良大佛。這尊佛像也是歷史的產物，曾多次遭遇戰火等災害波及，並在事後進行修復。我們現在所看到的奈良大佛，其臉部、身體分別修復於江戶時代及鐮倉時代，底座的一部分則是於奈良時代修築，可說是歷經多次修復才成就的姿態。就連法隆寺、唐招提寺、其他寺社以及古墳遺跡也都是在先人創建後經過無數次修復，才得以保存至我們所在的現代。

本書所介紹的「地理・地名・地圖之謎」，正足以體現奈良縣歷經悠久歷史孕育出的結晶，想必讀者只要閱讀正文後就能充分了解這點。

那「奈良MAHOROBA Sommelier」又是什麼呢？這可不是謎團之一。在奈良，有由奈良商工會議所舉辦的鄉土檢定「奈良MAHOROBA Sommelier檢定」（奈良檢定），而「奈良MAHOROBA Sommelier」正是其最高資格。日文中「MAHOROBA」（真秀ろば）意指美麗、適合居住的場所，也是大和地區的代名詞。日本武尊[2]的著名和歌就曾如此稱頌：「大和大和，國之秀兮，青山綿延，藏於群山，美哉大和！[3]」

NPO法人組織奈良MAHOROBA Sommelier協會主要是由一群擁有「奈良MAHOROBA Sommelier」執照、愛著MAHOROBA（奈良）的人們所組成，集結了多位奈良愛好者一同負責監修本書。

我們誠摯地希望讀者能夠攜帶本書巡遊奈良・大和路，進而對奈良產生興趣，喜歡上奈良，並殷切期盼有更多人因此成為奈良迷。

〔目次〕解讀「平城京」不為人知的歷史！奈良「地理・地名・地圖」之謎



## 第一章　奈良古剎的神秘地圖

## 第二章　殘存於地圖上的古代王朝足跡

## 第三章 大和地方流傳的信仰・傳說之謎

## 第四章　古老地名的緣由

## 第五章　知曉古都奈良「現況」的迷宮地圖

# 第一章

# 奈良古剎的神秘地圖

# 著名的國寶興福寺佛頭原本不是興福寺的所有物!?

奈良縣內有為數眾多的佛像，其中命運甚為坎坷的就是興福寺最有名的「銅造佛頭」。該佛頭原屬於西元七世紀打造的藥師如來像，但如今只剩下頭部部分，不過光是佛頭就將近一公尺高，可以想見這尊如來像有多麼巨大。細長清秀的眼眸與飽滿的雙頰、柔和的微笑以及富有威嚴的造型仍保留白鳳時代[4]的傳統，因此儘管有所破損，仍被指定為國寶。

如此歷史悠久的佛像，實際上自中世以後便有很長一段時間不見蹤影，直到昭和十二年（一九三七），現今東金堂在進行拆除修理工程時，才從本尊臺座內部發現這具僅剩頭部的破損佛。

這個佛頭所歷經的多舛命運還不光如此。其實這尊佛像在建造當初並不屬於興福寺，而是櫻井市山田寺的本尊佛像。山田寺為在大化元年（六四五）展開的大化革新之際相當活躍的蘇我倉山田石川麻呂[5]的氏寺，可是石川麻呂卻被冠上意圖謀反的罪名，在這座寺院自盡。等到後來證實石川麻呂的清白，為了替他祈求冥福而在天武天皇七年（六七八）開始鑄造的便是這尊藥師如來像（銅造藥師三尊像）。

那麼為何替石川麻呂祈求冥福而建造的佛像會放在興福寺呢？

興福寺是藤原氏的氏寺，在攝關家[6]的庇護下擁有強大的勢力，然而到了平安末期，興福寺與平氏對立。治承四年（一一八〇），平重衡火燒南都[7]的時候興福寺也遭到焚毀，於隔年重新修建；東金堂雖於元曆二年（一一八五）重建完畢，卻湊不出建造本尊佛像的費用。這時作為本尊佛像替代品受到注意的就是當時已沒落的山田寺的藥師如來像。文治三年（一一八七），興福寺的住持於是派東金堂堂眾擅闖山田寺，將藥師如來像從講堂搬走，供奉為重建後東金堂的本尊佛像。

然而，悲劇又再度發生在這尊佛像身上。應永十八年（一四一一），東金堂遭到落雷擊中燒毀，佛像也被燒到只剩下頭部。自此佛頭不再出現在眾人面前，而東金堂的本尊佛像也改為今日所見的藥師三尊像。

當時從灰燼中救出來的佛頭，就這麼被秘密藏置在全新鑄造的現本尊佛像臺座內部，靜靜地沉睡了五百年之久。

# 在聖德太子所建的世界遺產・法隆寺內流傳的「七大不可思議」是什麼？

眾所皆知，世界遺產法隆寺是在七世紀初由聖德太子[8]所建，其前身為聖德太子所興建的斑鳩寺，後來才改名為法隆寺。

在佔地約十八萬七千平方公尺的廣大腹地內，可分成國寶南大門、安置有金剛力士像的中門、金堂與五重塔等莊嚴的伽藍林立的西院，以及據傳為聖德太子所建斑鳩宮遺跡的東院等區，光是列為國寶、重要文化財的建築物就超過五十棟以上。

作為西院伽藍中心的金堂有著中間略鼓而上下逐漸變細的圓柱樣式以及勻稱的外觀，為世界最古老的木造建築之一，內部安置著飛鳥時代所建造的釋迦三尊像。另一方面，東院的中心建築則是夢殿，佛堂為一外型端正的八角圓堂，廚子[9]內置有據傳是聖德太子等身像的救世觀音立像。

法隆寺境內莊嚴肅穆的建築物群至今已有約一千四百年的歷史，同時也流傳著各種傳說，其中最有名的便屬法隆寺的七大不可思議。雖然說法不一，最具代表性的就是：①法

與寺內眾多文化遺產以及七大不可思議一同流傳下來的世界遺產法隆寺・五重塔。在塔頂的相輪上插有鐮刀。

隆寺建築內蜘蛛不結網、②因可池的青蛙都是獨眼、③地面不會留下雨滴痕跡、④南大門前有一塊名叫鯛石的大石、⑤夢殿的禮盤[10]背面會出汗、⑥五重塔的相輪[11]上插有鐮刀、以及⑦寺內有伏藏（藏起來的財寶）。

雖然當中含有不少像是蜘蛛不結網、獨眼青蛙等不可信的傳聞，但並非所有內容均無事實根據。

實際上，與金堂並列而建的五重塔頂上的相輪的確插有鐮刀，而這確實是相當奇妙的組合。理由究竟是什麼呢？

## 托鐮刀的福，五重塔才能保存至今!?

其中的緣由得回溯到鐮倉時代。

鐮倉時代，五重塔曾因被落雷擊中而起火，在木工們拼命地滅火之下才好不容易撲滅火勢。當時投宿在北室院的西大寺興正菩薩叡尊[12]為避免再度發生這種情況，於是開始思考對策。

他所想出的辦法，就是在木簡上寫上符咒製成護符置放在五重塔各層，同時在相輪的四方插上四把鐮刀。換句話說，相輪上的鐮刀其實是用來避雷的法術。

插在五重塔相輪上的鐮刀，就這樣在接下來的六百年裡守護著五重塔免於雷擊。

如今塔上的鐮刀是在昭和時期整修之際，由手藝高超而被相中的大阪府堺市水野鍛鍊所的水野正範所打造。當時，水野正範打造的鐮刀有四把插在了五重塔上，還有一把備用鐮刀則保存在該鍛鍊所。鐮刀長度約一．二公尺長，具有十足重量，讓人彷彿感受到鐮刀所背負的重責大任。

如上所述，法隆寺的七大不可思議內容虛實交織，既包含有歷史根據的事實，也包括純屬虛構的傳聞。

不難想像或許有民眾是出自對七大不可思議的興趣而造訪法隆寺也說不定。

# 東大寺的轉害門上為何掛有神社的注連繩？

提到奈良，相信大多人會立刻想到東大寺的大佛。

東大寺是奈良時代所創建的總國分寺，正式名稱為「金光明四天王護國之寺」。君臨國家佛教中心的東大寺在當時坐擁東西兩座七重塔、巨大的大佛殿（金堂）等堂宇，相當莊嚴。而後歷經數次火災與戰火的摧殘雖曾一度沒落，但至今仍留下大佛殿、南大門、二月堂、法華堂（三月堂）等諸多國寶建築物。

不過，這些建築物多為後世所重建，而非創建當時的建築。這之中除了在中世經過大幅改建的法華堂外，位於東大寺西北方的轉害門是唯一保留創建當初原貌的建築。

然而，看過轉害門後應該有不少人會感到匪夷所思；明明是佛寺的大門，為何會掛著注連繩？注連繩常見於神社，一般會掛在鳥居及拜殿[13]等處。

## 成為寺院守護神的八幡神

那為何注連繩會掛在寺院的大門上呢？其由來要追溯到聖武天皇建造東大寺大佛的八世紀。

聖武天皇為了祈求國家安寧，於天平十五年（七四三）發願建造一尊巨大的大佛作為國家事業。然而這對統治國家的天皇來說也絕非一蹴可幾之舉，於是為祈求順利打造大佛，便請來了宇佐八幡神的分靈。

以現代的認知來說寺院向神明祈求保佑聽起來相當奇妙，不過八幡神原是有著菩薩姿態的神明，具體而言主要祀奉的祭神為從大陸吸收新文物、奠定國家基礎的應神天皇。在神佛習合[14]的過程中，八幡神開始受到皇室崇敬，作為守護神受人信仰。

另外，據歷史地理學者千田稔指出，八幡神與將打造大佛不可或缺的鑄銅技術引進日本的渡來豪族秦氏有密切關係；作為香春神社宮司的秦氏一族在該神社獻納銅鏡，據說也是勸請宇佐八幡神的原因之一[15]。

不久，八幡大神終於下達「願意協助此次大佛造立」的神諭，於天平勝寶元年（七四九）由名叫大神社女的女禰宜[16]乘坐神轎上京。

位於東大寺西北方的轉害門，自創建當初一直保存至今。雖是佛寺大門，卻掛有注連繩。

此時，寄宿在神轎上的分靈就是從距離一條大路最近的轉害門進入，再從這裡前往手向山。

據說當時也因這裡禁止殺生而將這道門稱作「轉害門（化災除害）」。

八幡神於是成了東大寺的鎮守神；而轉害門也作為神明的通道而掛上注連繩。注連繩每隔四年會換新，在秋分時更換。

此外，以勸請八幡神為起源，至今每年十月都會在轉害門舉行名為「轉害會」的儀式，重現從宇佐勸請八幡神的情景。

# 新藥師寺曾是一座大寺院，擁有規模足以匹敵東大寺大佛殿的金堂！

以藥師如來為本尊的新藥師寺，靜靜地座落在距離春日大社不遠的閑靜住宅區。寺名乍看之下會以為是「新的藥師寺」之意，其實是意指「相當靈驗的藥師如來寺」。

新藥師寺據傳是在天平十九年（七四七），光明皇后為祈求聖武天皇的眼疾早日康復而建，並以奈良時代建造的本堂為中心，鎌倉時代以後又新建了鐘樓及地藏堂等。本堂內安置著本尊藥師如來，並以其為中心圍繞著奈良時代製作的十二神將像（僅一尊為昭和時期補作）。

如今新藥師寺外觀看來小而典雅，令人難以想像創建當時竟是一座寬廣且絢爛的大寺院。其面積達四町四方[17]，金堂的左右兩側並列著東塔與西塔，境內建有講堂、食堂、僧房、僧院及經藏等七伽藍，是奈良最具代表性的寺院之一。

然而到了平安時代，金堂等諸多堂宇遭到毀壞，寺院的規模因而縮小，而金堂的建築也改作其他用途。原本莊嚴的伽藍消失了大半，直到鎌倉時代才經過重建，直至今日。

由於幾乎沒有可供推測金堂全盛期模樣的資料，想重現當年風采被認為是難如登天，但這座夢幻大寺院卻在進入平成期後突然甦醒。平成二十年（二〇〇八）於奈良教育大學校地內進行挖掘調查時，發現了以過去的金堂建物為首的新藥師寺遺跡，顯現出一座規模超乎想像的巨大寺院。

除了比當今還要寬廣的占地面積，更令眾人驚訝的是金堂規模之巨大。金堂的基壇面積東西約六十八公尺，南北約二十八公尺，其上則建有一座寬六十公尺的金堂。這般規模甚至大過平城京的大極殿，僅次於東大寺大佛殿；此外也推測出建築物設有寬約五十公尺的總階梯，在當時可謂相當罕見。

## 因繩張之爭而誕生的大寺院

話說回來，為何當時會興建規模如此巨大的寺院呢？

當然這可以說是光明皇后想要仰賴佛的功德治好天皇的強烈意願之體現，不過新藥師寺在創建當初規模似乎沒那麼大。在該寺發展成奈良屈指可數的知名寺院的背後，其實涉及了現代常見的「大人世界的糾葛」。

負責興建新藥師寺的是於建造東大寺時因人手不足而臨時設立的官廳「造東大寺

司」。這個單位在東大寺落成後並沒有解散，仍繼續接手其他寺院的建設，新藥師寺便是其中之一。

結果，造東大寺司卻因此跟過去曾負責興建平城京的既有建設官廳「木工寮」爆發繩張之爭[18]。

眼看這場鬥爭愈演愈烈，造東大寺司為了盡量修建出更大的寺院，於是開始著手擴大新藥師寺。

這中間最具象徵性的正是前述的金堂。實際上，會興建如此大規模的金堂是因為先造出了七尊並列的藥師佛。七佛藥師被視為極其可貴之物，不過要安置七尊藥師佛在資金和技術面都相當困難，所以一般會習慣在一尊藥師佛背後的光圈配置六尊化佛來呈現。相較之下這座金堂安置了七尊藥師佛，可以想見該工程有多麼浩大。

因此，新藥師寺可說是由於繩張之爭而生的大寺院。

# 西大寺是為了與東大寺抗衡才建造的？

地處平城宮西側，即鄰近現今近鐵大和西大寺站為人所熟知的西大寺是作為平城京以西的大寺相對於平城京以東的東大寺，並於奈良時代建造的寺院。

如今西大寺境內林立著江戶時代以後重建的本堂、四王堂、愛染堂與聚寶館等，為真言律宗寺院。若是造訪本地，想必為本堂前東塔跡的巨大基壇與基石跡而發出驚呼的人也不在少數。

這也是當然的，因為西大寺在創建之時就是座規模超乎想像的大寺院。

西大寺的寺域等同平城京町區劃[19]三十一町的面積，換算下來將近五十公頃；這相當於平城宮五分之二的大小，規模甚至勝過官寺（由國家監督管理的寺院）藥師寺三倍之多。據說在興建該寺之際還曾命當地居民撤離，而後則以藥師金堂及彌勒金堂這兩座金堂為中心，建起四王堂、十一面堂院、東西的五重塔等上百座堂宇。

這座雄偉壯大寺院的建造者，正是興建東大寺的聖武天皇與光明皇后的女兒孝謙上皇[20]（其後復辟，是為稱德天皇）。

## 基於對雙親的反抗而誕生的大寺院

為何孝謙上皇會建造一座立地條件與規模足以對抗雙親所建東大寺的大寺院？答案就藏在發願興建西大寺的日期裡。

會這麼說是因為發願日這天，即天平寶字八年（七六四）九月十一日正是藤原仲麻呂（惠美押勝）謀反之日。當時比起受到聖武天皇與光明皇后重用的藤原仲麻呂，孝謙上皇轉而寵信藤原氏的政敵道鏡和尚，而道鏡也依仗著權勢作威作福。對此察覺到危機的仲麻呂因而發起叛亂。

這時孝謙上皇與道鏡便效法以前聖德太子在四天王的庇佑下殲滅物部氏，興建四天王寺的先例，發願興建供奉四天王像的寺院作為平定叛亂、鎮護國家之寺，也就是西大寺。

當下由於有意與藤原氏旗下的東大寺相抗衡，才選在東大寺的另一側隔著平城宮之地，亦即平城京西北的區塊上建起了豪華絢爛的西大寺。同時這也是身為女兒的孝謙天皇做出的反抗——如今母親已然逝世，是該重新奪回原先掌握在母親光明皇后與娘家藤原氏手上的權力了。也因此西大寺不論在規模還是位置條件等方面都設計成能與東大

## ⁂ 奈良的主要古剎─南都七大寺與法華寺─

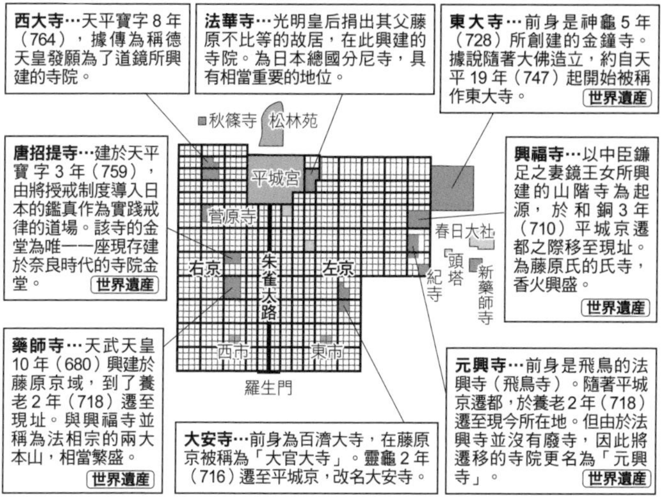
西大寺…天平寶字8年（764），據傳為稱德天皇發願為了道鏡所興建的寺院。
法華寺…光明皇后捐出其父藤原不比等的故居，在此興建的寺院。為日本總國分尼寺，具有相當重要的地位。
東大寺…前身是神龜5年（728）所創建的金鐘寺。據說隨著大佛造立，約自天平19年（747）起開始被稱作東大寺。
世界遺產
秋篠寺
松林苑
唐招提寺…建於天平寶字3年（759），由將授戒制度導入日本的鑑真作為實踐戒律的道場。該寺的金堂為唯一一座現存建於奈良時代的寺院金堂。
世界遺產
興福寺…以中臣鎌足之妻鏡王女所興建的山階寺為起源，於和銅3年（710）平城京遷都之際移至現址。為藤原氏的氏寺，香火興盛。
世界遺產
平城宮
菅原寺
春日大社
頭塔
紀寺
新藥師寺
右京
朱雀大路
左京
西市
東市
羅生門
藥師寺…天武天皇10年（680）興建於藤原京域，到了養老2年（718）遷至現址。與興福寺並稱為法相宗的兩大本山，相當繁盛。
世界遺產
大安寺…前身為百濟大寺，在藤原京被稱為「大官大寺」。靈龜2年（716）遷至平城京，改名大安寺。
元興寺…前身是飛鳥的法興寺（飛鳥寺）。隨著平城京遷都，於養老2年（718）遷至現今所在地。但由於法興寺並沒有廢寺，因此將遷移的寺院更名為「元興寺」。
世界遺產

寺分庭抗禮。最先打造的是高達七尺（約二二二公分）的金銅四天王像，而四王堂也建成東西超過三十公尺的巨大堂宇。從先鑄造作為守護神的四天王像而非本尊佛像這件事也能看出稱德天皇[21]的意圖。

如前所述，西大寺可說是稱德天皇的權力象徵，該寺興建的背景也成為寺院日後命運的重擔。

神護景雲四年（七七〇），稱德天皇去世後，藤原氏再度掌握政權。與藤原氏淵源深厚的東大寺因此獲得周全的庇護而壯大，反觀西大寺卻不受重視而終告沒落。一直要到鎌倉時代經叡尊重振為真言律宗寺院才復興，並於江戶時代重建伽藍，直至今日。

# 唐招提寺戒壇的興建時期不詳？

近鐵西京站附近的唐招提寺是律宗[22]的總本山。穿過南大門後，正面就能看到小說《天平之甍》[23]中為人所熟知、保留創建當時壯麗風采的金堂；背後則立有移建自平城宮東朝集殿的講堂，以及鼓樓、禮堂、寶藏、經藏等諸多傳承天平文化[24]莊嚴氣息的建築物。在眾多堂宇中，最值得注目的就是戒壇。由於創立日本律宗的鑑真和尚主張透過實踐戒律而獲得開悟，因此用來發誓遵守戒律的戒壇正是不可或缺的重要場所。

日本為了建立授戒制度，懇請中國派遣具備授戒資格的授戒師渡日，這也是中國唐代高僧鑑真渡日的原因。鑑真雖身為高僧，還是在天平勝寶五年（七五三）親自渡日；他在東大寺大佛殿前設置的臨時戒壇向聖武天皇等人傳授戒律，接著在該寺建立了戒壇院，而後更於太宰府觀音寺及下野藥師寺設立戒壇，為授戒制度的奠基不遺餘力。唐招提寺境內西側同樣建有戒壇，然而建立時期卻不詳。

鑑真在天平寶字三年（七五九）興建了律宗的總本山唐招提寺，不過並沒有留下修築戒壇的相關紀錄。針對戒壇建立時期分成兩派說法：一是唐招提寺創建時，另一則是鎌倉時代的弘安七年（一二八四）。「弘安七年重振」是史料上首度出現有關戒壇的文字記載，但平安時代以前的史料也曾出現「壇場」等記述，因此也無法否定戒壇從很久以前就存在的說法。

戒壇於江戶時代倒塌，直到元祿九年（一六九六）因第五代將軍德川綱吉之母桂昌院的捐款而重建，卻又在嘉永元年（一八四八）遭到燒毀。

在日後的調查中出土了八世紀的佛磚[25]，得知戒壇的基礎採用夯土工法，證實為奈良時代所建，因此以戒壇雖興築於唐招提寺創建之初，重振則是在弘安七年（一二八四）的說法較為有力。不過這麼一來就產生了一個新的疑問：既然只要到設於日本各地的三大戒壇就能進行授戒的正規制度已然確立，又為何特地在唐招提寺設立戒壇？

這個問題的解答可以這麼推理：三大戒壇寺內設置戒壇的目的是為了授戒，而唐招提寺則是位居指導這三大戒壇寺的立場。鑑真開設唐招提寺的真正目的，是為了繼承戒律，但沒有戒壇就無法講授戒律。這一點可從三大戒壇寺的本尊組合與唐招提寺金堂內所供奉的三尊佛像完全一致看出端倪。若唐招提寺代表著戒律道場的中心，那麼戒壇就應是興建於距寺院創建後不久的時期。

# 菅原里為何會有座與東大寺大佛殿非常相似的堂宇？

菅原里是菅原氏的發祥地，位於距離西大寺不遠的奈良市菅原町，這裡有間藥師寺的別格本山[26]名叫喜光寺。此處於室町時代重建的本堂為飾有裳階[27]的廡殿頂[28]建築，從西方天窗射入的光線就彷彿阿彌陀如來降臨一般。

相信有不少人看著這座飾有裳階的廡殿頂建築、如同有雙層屋頂般的本堂時，會覺得與知名的東大寺大佛殿非常相似。那是當然，因為據說將這座本堂放大十倍後所建造的就是東大寺的大佛殿。也因此這座本堂又被稱為「試作的大佛殿」，但其中的緣由又是什麼呢？

連繫東大寺與喜光寺這兩座寺的就是奈良時代的僧侶行基。行基雖是未取得國家認可而出家的「私度僧[29]」，但他走訪各地向民眾傳教，並以獻身於造橋鋪路、整建病人專用設施等社會事業而聞名。起初朝廷不斷打壓深受民眾支持的行基，後來有鑑於他對民眾的影響力而改變方針，請他替造立東大寺大佛募款。

座落於西京郊外的喜光寺本堂。據傳行基將這個本堂放大 10 倍來打造東大寺大佛殿。

另一方面，喜光寺也同樣與行基有淵源。雖然也有說法認為喜光寺是靈龜元年（七一五）建造的菅原氏的菩提寺，但據傳該寺是根據元明天皇的敕願，由行基於養老五年（七二一）創建，作為元明、元正與聖武天皇的勅願寺。

儘管行基已屆高齡，仍然率領眾弟子致力於造立大佛；晚年則隱居在喜光寺，於天平二一年（七四九）在眾人環繞下離世，享年八十二歲。在他去世的前年，聖武天皇前去探望臥病在床的行基時，傳說寺內供奉的本尊突然散發出不可思議的光芒，對此天皇於是御賜寺名「歡喜光寺」，菅原寺也因此更名為喜光寺。

# 日本全國國分尼寺的總本山「法華寺」內設有蒸氣桑拿室？

奈良時代，相較於總管全國國分寺的總國分寺東大寺，作為總國分尼寺統管國分尼寺的則是位於奈良市街北郊的法華寺（法華滅罪之寺）。該寺的土地原是光明皇后（聖武天皇的皇后）之父藤原不比等的故居，在繼承該宅邸後先是作為皇后宮，後來為替聖武天皇祈求冥福而捐地興建尼寺。

當時法華寺的規模約比現在向南擴大三倍，是座具備金堂、南大門、中門及回廊、東西雙塔、阿彌陀淨土願金堂等堂宇的大寺院。如今本堂、南門、鐘樓已被指定為重要文化財，其中本堂是十七世紀時由淀殿與豐臣秀賴重建，內部所供奉的本尊十一面觀世音菩薩立像則據傳是以光明皇后為原型。

就在法華寺本堂的東側，有一棟叫作「からふろ（Karafuro）」的建築物。此即一千兩百五十年前的蒸氣浴室，也就是所謂的蒸氣桑拿室。雖於江戶時代重建，卻仍保有部分奈良時代的敷石而相當珍貴。由於蒸氣桑拿室內部須加熱蒸氣而容易折損建築物壽

流傳著光明皇后傳說的法華寺「からふろ」。據法華寺表示，蒸氣浴體驗是在屋內約一張榻榻米大的小房間內進行，共有兩間。體驗時會先換上浴衣後進入房間坐在椅子上，過程約需 30 分鐘。

命，因此每經修繕都會改變外觀，但依然被國家指定為民俗文化財。

此處由致力於救濟貧民的光明皇后所建，用來為病人等煎煮藥草、供其沐浴之用。相傳光明皇后也曾發願要讓一千人沐浴淨身並付諸實行。

據說當時的最後一位是一個全身長膿的病患。正當光明皇后欲用嘴唇貼在病患潰爛的皮膚上吸出膿液時，病患全身瞬間散發光芒，變身成阿閦如來。

如今這棟建築雖然沒有對外開放，但每到六月七日光明皇后的忌日前後，法華寺信徒與「光明會」、「友之會」的會員以及一部分一般民眾便有機會到此體驗蒸氣浴。

# 從寺域的坪區劃與平城京的町區劃的不一致得知海龍王寺出人意料的根源

海龍王寺位於平城宮的東北方，穿過保留中世情調的正門及被築地塀[30]圍繞的參道，便能享受大和古寺的一番風情。

這座海龍王寺是光明皇后於天平三年（七三一）下令將原為飛鳥時代奉毘沙門天為本尊的寺院改建而成，據傳由唐朝歸來的僧侶玄昉擔任初代住持。由於玄昉帶著數量多達五千多卷的經典回國，並積極實施抄寫經典，因此該寺也被認為是寫經發祥之地。

寺號的由來相傳是玄昉自唐朝返京的航海途中遭到暴風雨的侵襲，但在誦念《海龍王經》後得以九死一生。另外也因為寺域位於平城宮東北隅，亦被稱作「隅寺」、「隅院」。根據天平時代的伽藍配置，現在的本堂相當於當時的中金堂，東西兩側則各有一座金堂。

到了鎌倉時代，在叡尊等人的復興下，海龍王寺於是發展為擁有大門、樓門、金堂、東西金堂、講堂、食堂、一切經藏等的大型寺院。

## ※ 從地圖上浮現的海龍王寺的祕密

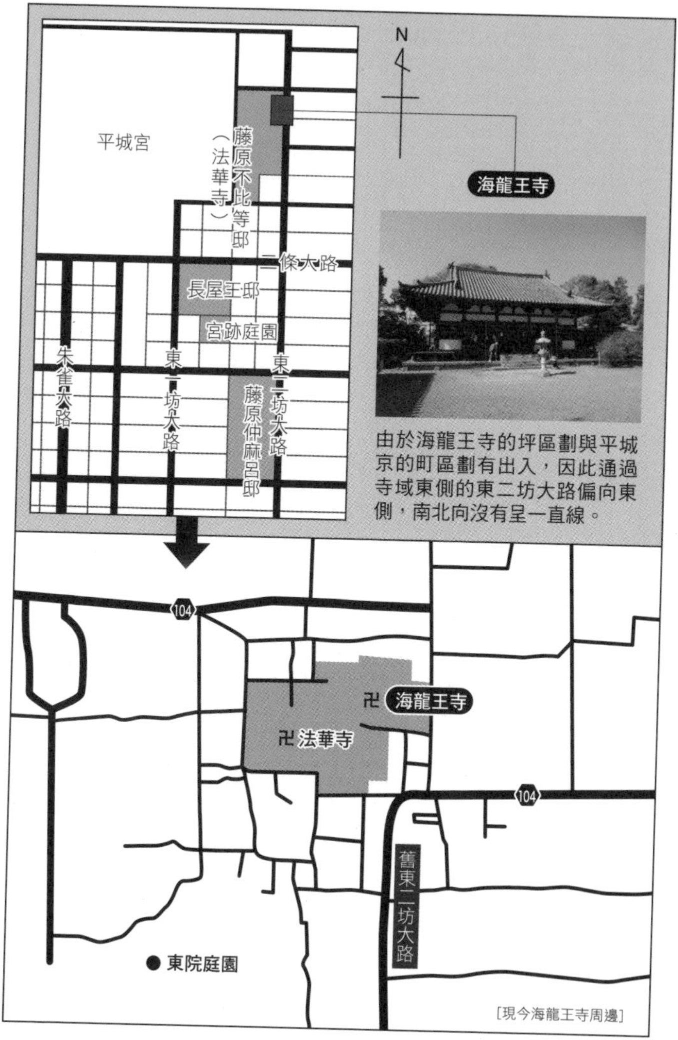


由於海龍王寺的坪區劃與平城京的町區劃有出入，因此通過寺域東側的東二坊大路偏向東側，南北向沒有呈一直線。

現今我們可以透過保留奈良時代建築樣式的重要文化財西金堂，以及安置於內部現存的奈良時代五重塔——國寶五重小塔，來欣賞當時的建築之美。

## 早自飛鳥時代起即存在的古剎

為什麼可以判斷海龍王寺早在飛鳥時代就存在呢？

證據之一就是坪區劃（土地區劃）。海龍王寺的坪區劃橫跨左京一條二坊十四坪及三坊三坪[31]，與平城京的町區劃[32]並不一致；穿過寺域東側的東二坊大路也向東偏移達六十公尺，因此南北方向未呈現一直線。此外海龍王寺的條里也比平城京的一町來的狹小[33]，可看出兩者之間有出入，意即該寺的土地區劃與平城京原本的町區劃相去甚遠。

不僅如此，在進行挖掘調查時出土了平城京遷都前時代的瓦片，發現海龍王寺前身的掘立柱建築物遺跡。從這些物證可推斷海龍王寺早在奈良時代以前就已經存在，勘稱古剎中的古剎。

換言之，是先存在海龍王寺的前身，等後來修建平城京時才配合該寺來修築道路。據說當時之所以沒有為了修路變更寺域的坪區劃，是因為負責興建平城京的實權者藤原不比等打算將這座歷史悠久的寺院作為佛教信仰的根據地，納入廣大的自宅內。

# 飛鳥寺的地底下沉睡著比一塔三金堂的法隆寺還大的大伽藍？

說到日本第一座正式的佛教寺院，即是位於明日香村的飛鳥寺。相傳在推古天皇[34]四年（五九六），由當時的最高權力者大臣蘇我馬子創建了作為飛鳥寺前身的法興寺。不過如今若是實地探訪，會發現該寺與「日本最古老」完全不相稱，僅剩下於江戶時代重建的小型本堂，是座融入優閒風景裡的小小寺院。

然而，過去這裡曾有從今日的模樣很難去想像的大伽藍存在。根據昭和三十年代開始進行的發掘調查，發現了沉睡在飛鳥寺一帶地面下的堂宇群。調查結果顯示，法興寺的規模為東西約二百六十公尺，南北約三百公尺，寺域甚至比法隆寺還要廣大。

現今寺院南側是一片旱田，以前則是裝有築地塀的南門；穿過其北側的中門後，便到達寺院的中心部。那裡聳立著一座五重塔，以塔為中心，分別在東、西、北建有三座金堂，並且為從中門左右兩側延伸出去的大回廊所圍繞。三座金堂當中規模最大的中金堂據推測可能是棟多層建築物，此外在回廊的外側後方還設有講堂，為該寺最大的建築物。

## 擁有日本國內獨一無二伽藍配置的寺院

令人驚訝的不光是規模。飛鳥寺這般一塔三金堂式的伽藍配置，在日本也是前所未見的獨特格局。

由於這種伽藍配置也出現在高句麗首都平壤的清岩里廢寺，原本當初認為該寺的設計受到高句麗的影響，不過近年來較為有力的說法則主張影響來自百濟。這是因為雖有留下百濟工人參與修建飛鳥寺的記錄，卻找不到有關高句麗工人的記錄。加上近年飛鳥寺的伽藍配置被證實與百濟王所建造的扶余王興寺址相當類似，因此普遍認為該寺可能一邊接受百濟人的指導，一邊修築成帶有日本風格的建築。

飛鳥寺的另一個看點，就是至今仍作為本尊安置在本堂、源自飛鳥時代的釋迦如來坐像。這也是日本最古老的鍍金銅佛，嘴角一抹古拙的微笑（Archaic smile）亦充分展現了飛鳥樣式佛像的特徵。佛像高度為二百七十五公分，與後世的佛像相較之下雖然規模並非特別突出，但在飛鳥時代卻已是足以稱之為大佛。可見飛鳥寺的確不愧為揭開新時代序幕的一大寺院。

## ※ 創建之初的飛鳥寺

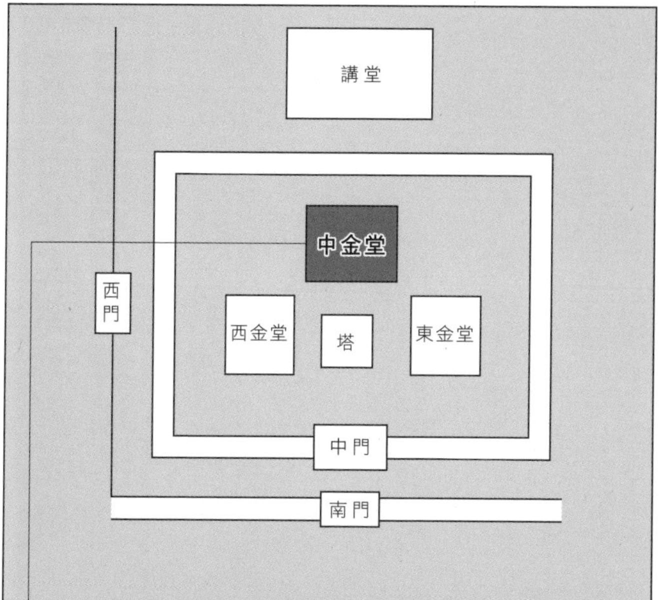


現在飛鳥寺的伽藍雖然僅保留供奉飛鳥大佛的本堂，昔日卻是日本第一座以正統佛寺格局建造的寺院。在昭和 30 年代的發掘調查中發現該寺是採用日本前所未見的一塔三金堂式的伽藍配置。

現今飛鳥寺本堂。堂內安置著飛鳥大佛（釋迦如來坐像），整體建於飛鳥時代留下的中金堂遺跡之上。

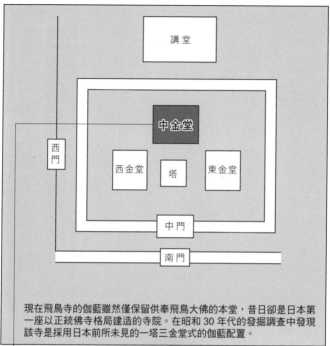

## 禁酒的寺院為何會成為日本清酒的發祥地？

位於奈良市南方菩提仙川上流的正曆寺，是在正曆二年（九九一）由九條關白[35]藤原兼家之子兼俊僧正根據一條天皇的敕願所建造的真言宗寺院。其參道附近立有一塊石碑，上面竟寫著「日本清酒發祥之地」。可是僧侶本來應該是禁止飲酒的，那又為何清酒會從這裡誕生呢？

雖然現在一提到寺院給人的印象多半是向佛祖祈願的場所，不過在以前，寺院卻是滙集各種文化及經濟活動的先驅之地。而釀酒正是其中之一。

酒本身早在日本古代便已經出現，也曾於《魏志倭人傳[36]》中登場。相傳在六世紀左右朝廷就有專門造酒的工人，可見自古以來酒在日本早已為人所熟知，但想當然在寺院內還是禁止造酒的。

不過，受到奈良時代至平安時代逐漸發展的神佛習合[37]的影響，寺院也開始自行釀造獻給鎮守神社及天部諸尊的酒。其中由僧侶使用寺院莊園所種的米釀造而成的酒，稱作「僧坊酒」。隨後僧坊酒開始作為商品來製造，釀酒也成為經濟活動的一環。

然而接著卻由於僧坊的風紀凌亂導致一大問題，愈來愈多寺院於是停止釀酒，其釀造技術則為酒屋所繼承。

## 創新的釀造法是從寺院誕生的！

昔日釀造僧坊酒的中心其實就在正曆寺。該寺是座全盛期擁有一百二十間坊的大寺院，不但坐擁廣大的莊園，還有從莊園所獲得的豐富貢米，加上流經境內的清流菩提仙川提供了乾淨的水源，而得以釀造大量的僧坊酒。

沒多久這裡於是誕生出高度的釀酒技術，例如分三次下料的「三段式釀製」、麴及掛米[38]均採用精白米釀製的「諸白釀造法」以及防止腐敗的「火入[39]」等，就連室町時代的文獻中也有記載這些創新的釀造法。繼承上述釀造法的「南都諸白[40]」成了清酒製法之祖，正曆寺也因此被傳為清酒發祥之地。

近年在正曆寺重現了當時的釀酒法，如今每年一月奈良縣內的酒造商家都會利用這裡遵循古法製造的酒母（菩提酛）來釀酒，製成的清酒則會以各家酒廠的品牌來做販售。

# 為何藥師寺與本藥師寺的伽藍配置會一模一樣？

在昔日平城京西側，亦即現今奈良的西京散布著許多點綴天平文化的古風寺院，其中特別引人注目的就是矗立著東西雙塔、氣派壯麗的藥師寺。如今為奈良最具代表性風景之一的藥師寺，其實是以位於橿原市城殿町的本藥師寺為前身。

據《日本書紀》記載，本藥師寺發祥自天武天皇九年（六八〇）十一月，天武天皇為祈求皇后（後來的持統天皇）病情早日康復，因而以藥師如來為本尊，在日後被納入藤原京域內的橿原市城殿町興建寺院。待皇后康復後工程仍持續進行，天武天皇死後也由持統天皇繼承其遺志繼續修築。據《續日本紀》記載，文武天皇二年（六九八），一座擁有金堂、講堂及東西雙塔的宏偉寺院終告完成。

然而到了和銅三年（七一〇），都城從藤原京遷至平城京，因此藥師寺也在養老二年（七一八）遷移到平城京的右京六條二坊，留在藤原京的舊寺則一直保留到平安後期，以本藥師寺之名流傳下來。

## 藥師寺爭論！是新建還是遷移!?

在藥師寺內諸多堂宇中，東塔是在各層飾有小塔簷「裳階」的三重塔，因其優雅的造型而被稱為「凝結的樂章」。

東塔現在雖被認定為國寶，但有關興建年代仍然充滿謎團。目前有兩派說法爭論不斷，一是在平城京重新修建的新建說，以及自藤原京移築藥師寺建築物的移建說。若是前者就會歸類為天平建築，後者則是白鳳建築41。

移建說起初由明治時代一名建築史學者所提倡，相較於唐招提寺金堂等周圍的天平建築，他認為藥師寺的東塔很可能是時期更早的白鳳建築。根據後來的調查發現，十一世紀的著作《藥師寺緣起》〈古老之傳〉中記載著「將本尊從本藥師寺恭迎到平城京費時七日」；此外，不只本藥師寺的伽藍配置，就連金堂礎石的位置（樑柱的間隔）、東西雙塔的規模等，均與現在的藥師寺幾乎完全一致。因此也出現了這是將藤原京本藥師寺的伽藍忠實地移建並重現的說法，而藥師寺對此也表示支持。

然而光憑規模與格局類似並不代表藥師寺一定是移建，也有可能只是刻意模仿原樣去建造而已。這時便誕生了新建說。

其根據是，有紀錄顯示本藥師寺的塔在天平十九年（七四七）以及到了日後的十一世紀都仍然存在。也就是說，藥師寺與本藥師寺並存了很長一段時間；要是從本藥師寺移建後又特地為原先的本藥師寺新建伽藍，似乎並不合理。

於是就出現了在西塔即將興建前決定移建，將材料運到藥師寺重新組合後，而後於本藥師寺重建一座新塔的說法，如今也以新建說較為有力。但不論是新建還是移建，幾乎可以確定建物都是仿照原本的白鳳伽藍而建。現在本藥師寺跡雖只剩下一座小堂，卻仍保留礎石遺跡，述說著昔日大伽藍的風采。

另一方面，遷至平城京的藥師寺因是當初天皇發願所建，為一坐擁壯大伽藍的大寺院，卻在歷經多次火災後至十六世紀為止大部分的伽藍都已燒毀，僅剩東塔是現存唯一從創建之初留下的建築物。

不過進入昭和到平成時期，發起了一連串復興事業，金堂、西塔、中門、回廊及大講堂都陸續重建，睽違一千三百年夢幻般的白鳳伽藍世界得以再次復甦。另外，在平成二十五年（二〇一三）至平成三十一年為止東塔將會進行拆卸修理，期待或許能找到影響爭論結果的線索。

## ⁂ 與本藥師寺的伽藍配置相同的藥師寺

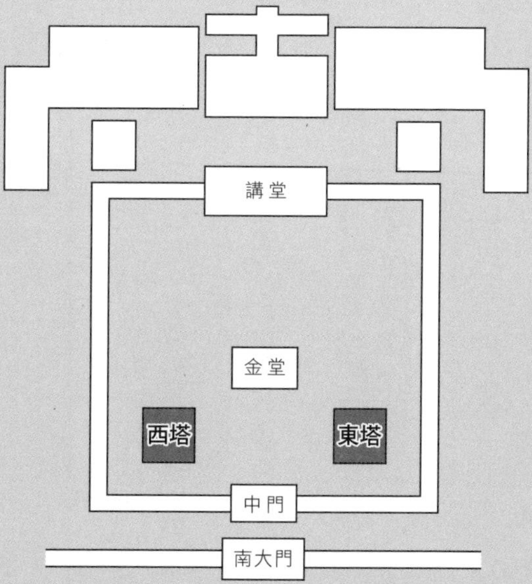

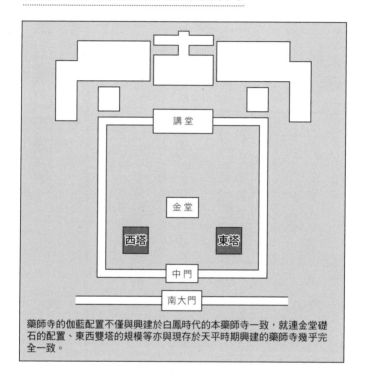

藥師寺的伽藍配置不僅與興建於白鳳時代的本藥師寺一致，就連金堂礎石的配置、東西雙塔的規模等亦與現存於天平時期興建的藥師寺幾乎完全一致。

# 若草山燒山的開端始於燒荒活動？

若草山位於東大寺以東，由於外型如同三頂山笠[42]交疊而又名三笠山。一聽到若草山，多半就會想到每年一月舉行一齊放火燃燒整座山的「燒山」活動。

傍晚，約三百名消防隊員手持火炬，以發射至夜空的璀璨煙火為信號，在整座山的地表點火燃燒。火勢發出劇烈的燃燒聲，向上蔓延的烈焰如同接力般沿著斜面延燒，轉眼間便點亮整個夜空。

若草山燒山開始作為例行活動舉行始於明治三十三年（一九〇〇），不過燒山活動本身貌似從很久以前就已經盛行，江戶時代也留有多次引火燒山的紀錄。至於何時開始這項活動、又為何要燒山則眾說紛紜，至今尚無定論。

近來最有力的說法則是為鎮壓山頂上鶯塚古墳（牛墓）的幽靈，不過也有像是在江戶時代若不燒山隔年就會出現災難、興福寺與東大寺為爭奪土地界線起糾紛，最後藉舉行燒山來平息對立等說法。

然而一般認為，若草山燒山的背景可能源自附近農民放火燒荒的習慣。自古以來，農民之間為預防害蟲出現等理由，有在收成後放火燃燒田地的風俗；山也一樣，會藉由放火將山燒到只剩草地來防止害蟲，或透過燃燒枯草促進春天作為田地肥料及牛馬飼料的嫩草萌芽。

每年1月，整座若草山同時點火燃燒的「燒山」景象。（奈良市觀光協會提供）

換句話說，這也是誕生自農民生活智慧的活動儀式。

後來，據傳以前相鄰的兩寺曾為其領有權起爭執的若草山在明治時代發布的上知令43被收歸官有，如今亦屬於國有地（奈良公園的一部分）。

## 殘留在出雲建雄神社的巨大寺院遺址僅值七十五日圓!?

位於天理市的石上神宮以南八百公尺處，鄰近山邊之道附近有一片大水池，其一隅靜靜地矗立著一座刻有松尾芭蕉俳句的句碑，寫著「宇知山中寺，櫻花正燦爛，外人全不知[44]」。雖然如今已化作與描述其昔日繁景的芭蕉俳句截然不同的荒涼一角，這裡其實原是大寺院「內山永久寺」的遺跡。

內山永久寺是在永久年間（一一一三～一一一八）根據鳥羽天皇敕願所興建，寺號取自當時的年號。該寺發展為具備山莊性格的寺院，於鎌倉時代形成由本堂、真言堂、吉祥堂、觀音堂、御影堂、多寶塔、鐘樓及其他堂宇所構成的大伽藍。到了江戶時代，獲賜寺領九百七十一石，成為大和地區待遇僅次於興福寺、東大寺與法隆寺的寺院。面積達五町四方的廣大寺內林立著五十二棟伽藍，其姿態甚至得稱為「大和的日光」。當時該寺的景色就是如此壯觀，就連芭蕉都情不自禁地吟句讚頌其盛景。

然而，以明治時代頒布的「神佛分離令[45]」為開端發起的「廢佛毀釋」運動，卻讓

現在，內山永久寺遺跡僅剩下作為淨土式庭園遺址的大水池以及芭蕉的句碑佇立在此。

這間寺院由盛轉衰。

永久寺的僧侶被迫還俗後，成為石上神宮的神官。寺院也在明治七年（一八七四）遭廢，所有物品及土地均被拍賣，從建物到寺寶，連一磚一瓦都無一倖免。

不過，現在仍看得到這間寺院的堂宇。這是由於該寺的鎮守三社的拜殿被石上神宮買下，成為其境內的攝社[46]出雲建雄神社的拜殿。該拜殿修築於鎌倉時代，外觀為將正面五間的中央一間改為土間來當作通道使用的「割拜殿[47]」樣式，乃此樣式現存最古老的例子而被指定為國寶。

但這座拜殿在拍賣當時卻只值七十五日圓。儘管當時七十五日圓的價值與現在不能相提並論，都還是遭到賤價出售。

## 聖林寺的本尊會代替難產婦女出汗？

提到地藏菩薩，祂在地獄替眾生受苦受難、延長壽命，以解決眾生各種切身問題而聞名；而櫻井市南部聖林寺的地藏菩薩，則是能夠實現會令女性十分感激的心願。

聖林寺這座古寺位於三輪山以南、安倍嶋山中腹，建於爬滿青苔的石垣之上，若從山門[48]望去，三輪山、箸墓古墳等大和盆地景色便盡收眼底。

據傳該寺是八世紀由藤原鎌足[49]的長子定慧創建，到了江戶時代經性亮玄心中興，寺內高達約二公尺的國寶客佛[50]「十一面觀音立像」是天平時代的傑作，讓到訪的來客嘖嘖稱奇。

此外，這座聖林寺也是相當有名的安產、求子寺院。因為安置在本堂的本尊佛像並非觀音像，而是保佑安產求子的子安延命地藏。

雖為坐像，這座巨大石造地藏菩薩像卻高達三・五公尺，也是大和最大的石造地藏佛。除了大小就具有十足震撼力，其法衣也施上鮮艷色彩，兼具了威嚴與華美。

## 替難產婦女受難的菩薩

想要建造如此巨大的石造佛像並不容易，據說這之中其實飽含了一股強大的心意。這座本尊菩薩是江戶時代元祿期的僧侶文春諦玄看見自己的姐姐為難產所苦，於是以祈求婦女安產為心願，費時四年七個月托缽化緣所募得的善款建造而成。

據傳還有這麼一則軼事：在造像之際，文春還夢見地藏菩薩顯靈指定造佛的佛師。對女性而言，生產是件攸關性命的大事，因此在當時求子也成了女性最殷切的願望。或許是感受到這些女性強烈的意念，相傳這尊地藏菩薩竟會代替難產婦女流汗。

實際上，每逢梅雨等時節，這尊地藏菩薩像的尊顏及身體表面會出現水滴附著的奇妙現象，因而被人們當作是在代替難產婦女冒汗奮力。

不過這種現象其實與冰水杯外面出現水滴的原理相同；由於地藏像的臺座與地面接觸，當石佛的溫度較低而本堂內溫度及濕度偏高時，石佛身上就會附著水滴。

話雖如此，這座本尊菩薩畢竟是昔日懷著保佑難產婦女的心願而建造的，在安產及求子方面相當靈驗，參拜者也因此絡繹不絕。

# 第二章

# 殘存於地圖上的古代王朝足跡

# 為何平城京內有兩處大極殿遺跡？

從近鐵大和西大寺站下車後向東走去，就會來到一片空曠的大片平地。映入眼簾的是巨大的大門及宮殿，漆成紅色的樑柱令人印象深刻，相信會讓不少人產生一種闖入異世界的錯覺。

這個空間就是平城宮跡，壯麗的正門「朱雀門」就坐鎮在平城宮的入口迎接訪客。而現在除了朱雀門，東院庭園與太極殿的復原、內裏遺跡的修建等也正按部就班地進行，平城宮的世界將逐漸於現代復甦。

已復原的平城宮境內建築物當中，僅作為天皇即位、元旦朝賀、外國使節晉見天皇等國家儀式之用的，是位於朱雀門以北八百公尺處、於平成二十二年（二〇一〇）復原完工的第一次大極殿。

復原完成的大極殿蓋在高約三・四公尺的基壇上，其正面長約四十四公尺，高度約二十七公尺。多達四十四根紅色樑柱顯得相當醒目，給人莊嚴的印象。

紀念 2010 年平城京遷都 1300 年復原完成的平城宮第一次大極殿。

從這座大極殿向南望去，是一片遼闊的前庭（大極殿院）。大極殿昔日正是恢宏氣派的平城京之正殿。

## 兩處大極殿跡所講述的遷都歷史

然而，若將視線從大極殿前庭向東移，就會看到眼前還留著另一座大極殿的巨大基壇。平城宮內竟還有別座作為朝廷中樞的正殿，這究竟是怎麼一回事？

其實當年遷都之際，原本打算將大極殿從藤原京移建過去，卻沒能趕上時間。為避免發生沒有大極殿的事態，才先在東側興建一座名為大安殿的建築物來處理日常政務，本應在大極殿舉行的儀式也都暫時在此舉行。

等到大極殿從藤原京移建過去後，儀式遂恢復在大極殿舉行，日常政務則留在大安殿處理，各司其職。

不過在聖武天皇時代爆發了藤原廣嗣之亂[51]，天皇於是在天平十二年（七四〇）毅然決定遷都至木津川流域的恭仁京，並在這時移建了自藤原京移築過來的大極殿。

而後雖然又再度遷都至難波宮，不過原先的平城宮大極殿便直接留在恭仁京，日後轉為山背國國分寺的金堂之用。

另一方面，五年後雖又將都城遷回平城京，這裡卻已沒有大極殿存在。於是暫且以之前東側的大安殿來代替，並在不久後進行整修重建。結果，結合了日常政務與儀式的新大極殿就此誕生。

以上便是同一座宮城內存在著兩座大極殿的理由。

也因此平城宮內誕生的兩座大極殿中，一般會將原先的大極殿稱為第一次大極殿，再次遷回平城京後於大安殿所在位置新建的大極殿則稱為第二次大極殿，以示區分。

# 為何日本最古老的道路「山邊之道」如此蜿蜒曲折？

奈良這裡存在著一條從《古事記》及《日本書紀》中也可找到相關記載的日本最古老的道路，那就是「山邊之道」。這條古道從現今櫻井市行經天理市再延伸至奈良市，直線距離約二十三公里。其起源可溯及大和王權誕生的四世紀初，在《古事記》裡也有諸如將崇神天皇陵記載為「山邊道勾岡上陵」的記錄，但當時確切的路線依然不詳。

儘管從天理市通往奈良的路段幾乎完全消失，不過從三輪山麓、大神神社到石上神宮長約十五公里的路段已成為眾所皆知的健行路線，一路上可以探訪萬葉歌碑及古代史跡，或是欣賞四季分明的自然美景。

這條古道起自往昔的水運要衝海石榴市，經過大神神社、檜原神社等古老莊嚴的神社，沿路上及其周邊也散布著據傳為卑彌呼之墓的箸墓古墳、景行天皇陵、崇神天皇陵等大型前方後圓墳，勾起人們的懷古之情。

話說回來，為何此地會修築日本最古老的道路呢？

首先可以肯定的是，這條道路主要由來與這一帶是大和政權的發祥地有密切關係。當時，古道的起點海石榴市作為從大和川逆流而上的水運要衝而興盛，是設有交易市場的繁華地帶。此外，現今卷向站周邊也有發現了建築物柱跡的纏向遺跡，一般被認為是邪馬台國的宮殿遺址。而連接了上述地點的道路會變得繁盛發達，想必在歷史上也是必然的結果。也就是說，山邊之道曾是古代大和政權的主要幹道。

## 有聚落，就有道路

實際走過山邊之道會發現，這條古道穿過三輪山以西山麓上的聚落、田地與樹林之間，是條充滿高低起伏、蜿蜒曲折的道路。通常幹線道路會盡量避免繞路，取其與目的地之間的最短距離；山邊之道若是大和政權的主要道路，為何會如此蜿蜒曲折？

其實，山邊之道原本並非計畫性修築的道路，而是連繫聚落與聚落之間的小道，不久這條小道越過了石上神宮、平城山通往山背[52]，形成了一條自然道路。聚落主要是在泉水等近水處生活，而連繫這些四散的個別聚落的小道，當然也就不一定會是直線。況且，據說當時地處平原的大和盆地上到處散見沼澤與濕地，可以想見居民會避開這些地方行走，使得路途沿著山麓而曲折，誕生出這般順應自然地形的道路。

## ※古代天皇宮跡連綿的山邊之道

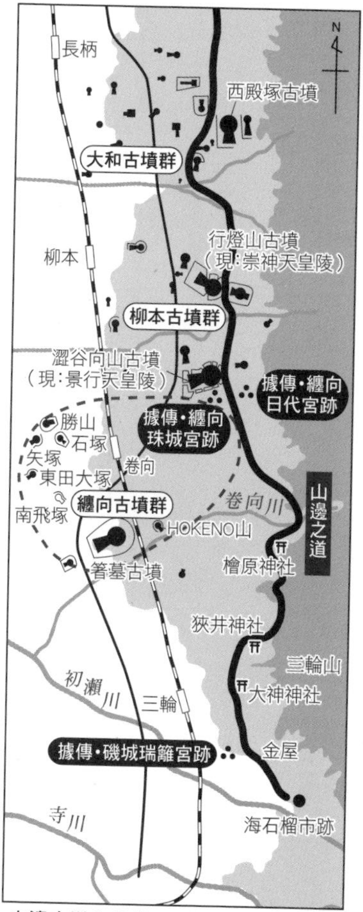


山邊之道全長約 35 公里，起自現在的櫻井市、經過天理市通往奈良。該道路沿著山麓蜿蜒曲折的原因，是因為居民避開地處平原的大和盆地上的沼澤與濕地行走的緣故。

不過現在的山邊之道與當時的路線已經完全不同了。比方說如今的山邊之道是從景行陵往崇神陵方向穿過山脊線，不過在《古事記》中將崇神陵的所在地記載為「山邊道勾岡上陵[53]」，讓我們不妨可以假設山邊之道原本路徑應是從崇神陵的西側通過。

# 地圖上隱藏的巨大道路
# 連接大河與難波的官道「橫大路」

如果說「山邊之道」是日本最古老的道路，那麼堪稱日本最古老的國道一號線便是橫大路。

鄰近大和八木站的橿原市八木町，在近世曾作為一大商業地帶而繁榮。雖然車站前現已變成近代化的街道，不過往站前商店街走一小段路後就會進入閑靜的住宅區。

話雖如此，這裡道路的路寬卻僅有五公尺左右，勉強只夠兩台交會的車輛擦身而過，但這正是古代的國道一號線「橫大路」如今的模樣。

沒錯，雖然現在僅有五公尺寬，但原本的路寬卻超過三十公尺以上，以現在的道路來說這等幅度也算得上是相當寬廣了。而這般寬廣的官道，就修築於沒有車輛、大卡車等在路上穿梭的古代。

照片為古時的横大路與下道交會處的交通要衝「札之辻」。

## 成為日本象徵的横大路

横大路的修建時期是在推古天皇二十一年（六一三）。《日本書紀》中有記載：「設置一條起自難波、終至京城的大道。」由此可知，這條大路是作為連結皇宮所在地飛鳥與難波津的官道而修築。

關於這條官道的路程，根據七世紀的規劃，會先沿著南北貫穿難波京的朱雀大路往正南方延伸。

順著朱雀大路來到金岡神社，則會變更方向朝東前進。接著在越過了竹內峠、進入大和的長尾神社一帶起就是横大路，一路筆直向東經過高田、八木，一直到櫻井市仁王堂的小西橋畔為止。

這條官道不但在後世作為伊勢神宮的參詣道而發達，在近世也是一條重要的道路。橫大路修建之初，難波津既是日本大海的玄關口，也是吸收中國先進文化的門戶。因此，從中國傳來的文物透過這條從難波津通往大和方向的官道傳入大和，另外像是遣隋使等也透過這條官道前往中國，可說是肩負日本國際交流橋樑的重要國家道路。

而這也是修築相傳路寬達三十公尺以上的寬廣道路的原因所在。

這條大道不但承擔了文化交流的使命，同時也是日本向各地豪族及外國使節展現權勢與國力的象徵。

壯觀的隊伍在此往來的景象，不但能為地方豪族帶來恍如隔世的震撼，還能向外國使節誇耀日本的國力。

面對這條無限寬廣的巨大道路，眼前彷彿能浮現出古代的人們面露驚嘆的神情。

## 遍布在明日香村的石造物，是意圖重現道教世界的女帝遺夢

奈良縣明日香村除了飛鳥寺與橘寺等古寺外，還遍布著飛鳥時代的遺跡，像是乙巳之變[54]的舞台飛鳥板蓋宮跡、據傳為掌權者蘇我馬子之墓的石舞台古墳等，既能欣賞豐富的自然景觀，同時也是能盡情感受古代浪漫的古老宮都之地。

漫步在明日香村，就會發現這裡除了各種舊蹟及寺院，還交雜座落著形狀奇妙的石造物。

飛鳥板蓋宮跡的西北方有石神遺跡及設有導水設備的飛鳥京苑池遺跡，在東北方也發現了同樣被視為導水設備的酒船石及龜形石槽，此外還有像是龜石、石人像、二面石等石造物散布在各處。

這些石造物據說都是在七世紀女帝齊明天皇在位時期所建造的。

齊明天皇以好興土木聞名，《日本書紀》中也可見將石材分裝在兩百艘船上，藉由運河從天理市石上山運送到相隔十二公里外的橿原市香具山，於皇宮東側的山上堆石為

垣的記載。修建運河與石垣總計動員了近十萬餘人，因此在當時還被譏為「狂心渠」。

## 齊明天皇欲意打造的理想國度是？

然而齊明天皇並非只是因為好興土木才斷然下令施工。不惜這般興師動眾也執意要大興土木的背後，據說其實隱含了強烈的意念。

當時正值推動大化革新改革政治的孝德天皇因病駕崩，將都城從難波遷回飛鳥的時期。為迎向新時代，齊明天皇希望確立飛鳥為王權支配的據點。因此一般認為，諸如酒船石、龜形石槽等眾多石造物多半都是作為王權儀禮及饗宴之用的導水設施。也就是說齊明天皇打算將都城飛鳥改造成不落於國際社會的王權舞台空間。

而她的理想，貌似是以傳自中國的道教所描繪的不老長壽仙境為目標。

齊明天皇在聳立於飛鳥以東的多武峰上的兩棵欅木旁興建了道教的「道觀（相當於佛教的寺院）」，取名「兩槻宮」，亦稱之為「天宮」。在道教中，「天宮」是指仙人所居住的天上宮殿，意味著長生不老的理想鄉，因此便有人認為齊明天皇打算在飛鳥重現道教中的理想國度。

這般為石造物所點綴的都城，或許正蘊含著永垂不朽的寓意也說不定。

## ※ 飛鳥村的石造物

龜石

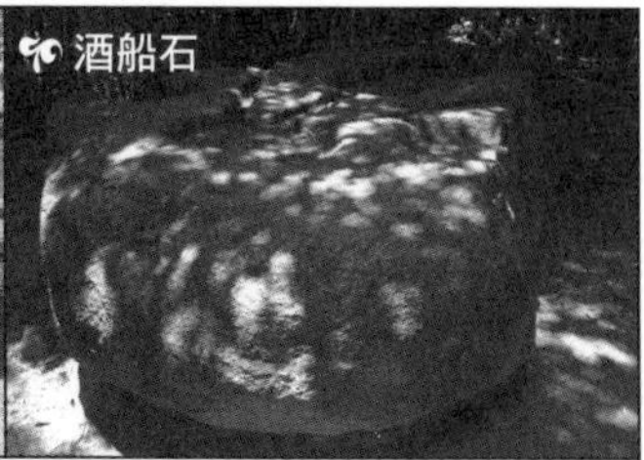
酒船石

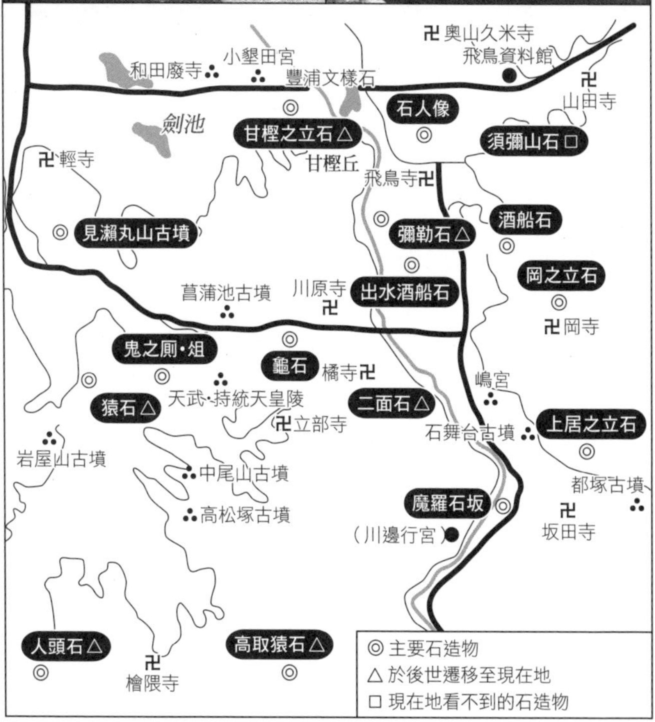
奧山久米寺
飛鳥資料館
和田廢寺
小墾田宮
豐浦文様石
山田寺
石人像
劍池
甘樫之立石△
須彌山石□
輕寺
甘樫丘
飛鳥寺
酒船石
見瀨丸山古墳
彌勒石△
岡之立石
菖蒲池古墳
川原寺
出水酒船石
岡寺
鬼之厠・俎
龜石
橘寺
嶋宮
猿石△
天武・持統天皇陵
二面石△
立部寺
石舞台古墳
上居之立石
岩屋山古墳
中尾山古墳
都塚古墳
魔羅石坂
高松塚古墳
（川邊行宮）
坂田寺
人頭石△
高取猿石△
檜隈寺
◎ 主要石造物
△ 於後世遷移至現在地
□ 現在地看不到的石造物

漫步在明日香村，就會發現這裡除了各種舊蹟及寺院，還交雜座落著形狀奇妙的石造物。據說這些幾乎都出自齊明天皇在位時期，重現了道教的世界觀。

## 藤原京與平城京上的朱雀大路寬度為何會相差這麼多!?

位於橿原市的藤原京是日本第一座正統都城，由目標建立律令國家的天武天皇及其皇后，即下任天皇持統天皇所打造而成。藤原京以藤原宮為中心，宮內囊括了天皇的居所（內裏）、舉行國家儀式與執行政務用的大極殿及朝堂院等，並有朱雀大路自此向南延伸，左右兩側則劃設供官員與平民居住的街區。藤原京的街區劃分為棋盤狀，被認為是日本第一座計劃性的條坊制都市。

然而，藤原京卻在短短十六年間就退出歷史舞台，改遷都至平城京。符合「四獸俱全，三面環山[55]」這般適合作為都城的風水條件而獲選的藤原京，為何會如此短命？

### 藤原京其實充滿缺陷!?

藤原京短命的理由眾說紛紜，然而透過俯瞰平城京與藤原京的地圖，便有說法指出這或許是藤原京本身的缺陷所致。換句話說，就是因為藤原京不適合作為律令國家都城

## ✳ 從朱雀大路看藤原京與平城京的差異

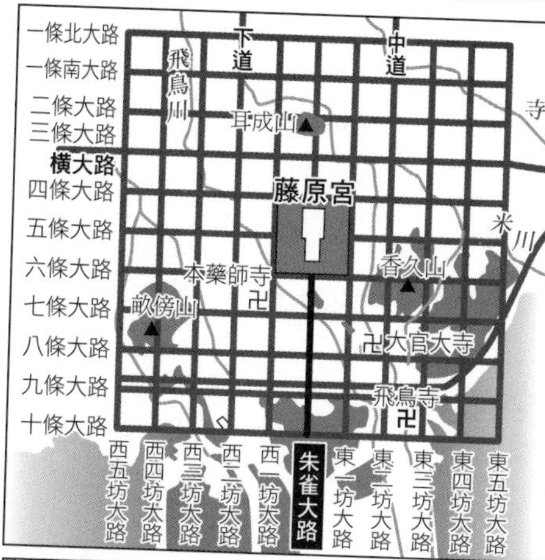


比較藤原京與平城京的朱雀大路後發現，平城京的路寬達 74 公尺，而藤原京的路寬卻只有前者的 3 分之 1。

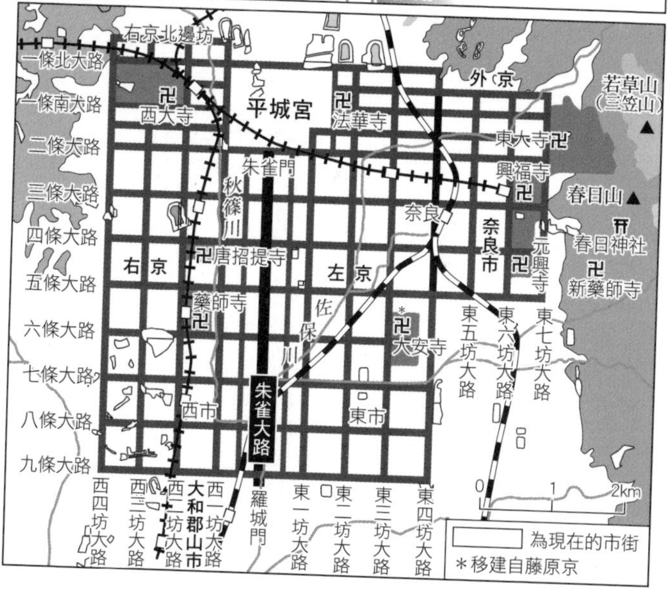

的缺陷在後來逐漸明朗化的緣故。

其中一項便是主要幹道的朱雀大路。試比較藤原京與平城京的朱雀大路後發現，相較於平城京的路寬七十四公尺，藤原京的路寬只有前者的三分之一。

這條朱雀大路不只是一條普通的道路，而是舉行各種祭典及政治的重要舞台，同時也是進行歌垣56、祈雨及消災佛事等儀禮及迎接朝賀使者或外國使節的場所。

以肩負著如此重責大任來說，藤原京的朱雀大路實在過於狹隘。此外，為了讓前來的訪客能夠仰望通往宮城的巨大朱雀門以示朝廷威信，朱雀大路就必須是從南朝北緩慢爬升的上坡路。

然而，藤原京的地形卻是南高北低，朝著西北方越來越低矮，使得位於都城中心的天皇宮殿位置竟低於臣下所在的南側建築物，引發有損宮城威嚴的重大事態。

根據遣唐使的報告得知唐朝都城實況的朝廷於是領悟到，儘管根據《周禮》打造出與長安城相異的藤原京，實際上這裡卻充斥著作為律令制國家的都城不該有的問題。大寶三年（七〇三），在正式採納律令制度後的朝廷終究無法無視藤原京的缺陷，才因此在短時間內計畫遷都。

## 聖德太子利用連接斑鳩與飛鳥的太子專用道往返兩地！

說起聖德太子，正是以作為五九二年即位的推古天皇的攝政制定了「冠位十二階[57]」、「十七條憲法」，以及派出遣隋使等而聞名的人物。不過其後半生卻移居到距離飛鳥二十多公里之遠的斑鳩；明明國務是在推古天皇皇宮所在地的飛鳥進行，但身居要職的聖德太子卻遷居斑鳩，一直以來都讓人存疑這難道不會阻礙政務的處理？也因此有人認為他是在與蘇我氏的政爭中即早敗陣下來才引退至斑鳩。

然而，卻出現了能完全推翻上述說法的傳說：其實聖德太子並沒有退隱，而是經由一條長達二十多公里的道路通勤前往飛鳥。

證據就是有一條連接斑鳩與飛鳥的古道。

斑鳩到飛鳥一帶於七世紀修建了上道、下道等道路，町區也以方格狀劃分；不過這條僅殘留一部分的古道卻有別於與周圍採用條坊制規劃的道路，朝著西邊偏了二十度，因此也被稱作筋違道[58]。該古道向南北延伸後，就能直線連接聖德太子所在的斑鳩及推古天皇身處的飛鳥。

根據考古學家酒井龍一的看法，他認為「如今大和川南岸到三宅町屏風一帶已不見太子道的蹤跡，不過從屏風到多集落南側一帶，現以道路、水路、水溝、田埂等形式，雖有中斷但仍保留些許痕跡（往西偏約十七度）。至於多集落以南，則因日後大規模興建藤原京，太子道的痕跡幾乎不復存在。依本人拙見，這之後太子道應是連通至豐浦寺（下層為豐浦宮）西側。根據最近的發掘，諸如多集落以南及豐浦寺西北方等處皆發現了道路的痕跡，可知此見解應無不妥。」（《推古朝都市計畫的復原研究》）此外，該古道的傾斜角度與斑鳩的街道區劃一致；一般認為聖德太子曾推動斑鳩的開發，而創建當初的斑鳩寺（若草伽藍）與聖德太子的斑鳩宮以南北為軸均都往西偏了二十度。

由此可知，太子道也是配合斑鳩的開發於七世紀前半以前修建完成，推測是遷居斑鳩的聖德太子為前往飛鳥所開闢的道路。

## 聖德太子騎馬通勤!?

即使直接以道路連接兩地，就當時而言距離實在太遠，要通勤前往飛鳥幾乎是不可能的任務。因此傳說聖德太子會騎著曾馳騁於富士山至越後上空的愛馬黑駒，沿著這條

## ※ 連通飛鳥與斑鳩的太子道

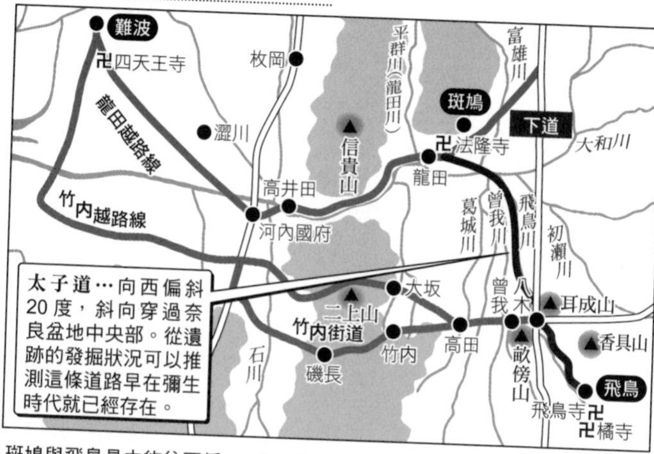
難波
四天王寺
枚岡
平群川(龍田川)
富雄川
斑鳩
下道
法隆寺
大和川
龍田越路線
澀川
信貴山
龍田
高井田
竹内越路線
河內國府
葛城川
曾我川
飛鳥川
初瀨川
太子道…向西偏斜20度，斜向穿過奈良盆地中央部。從遺跡的發掘狀況可以推測這條道路早在彌生時代就已經存在。
大坂
二上山
曾我
八木
耳成山
竹内街道
竹内
高田
香具山
石川
磯長
畝傍山
飛鳥
飛鳥寺
橘寺

斑鳩與飛鳥是由約往西偏 20 度、接近筆直的太子道所連接。如今該路線上依然留下不少與聖德太子相關的傳說，像是太子的腰掛石、相傳用來繫住太子愛馬黑駒的柳樹等。

路奔馳。

姑且不論傳說的真假，太子道一路上的確留下許多似乎暗示聖德太子曾通過此道的古跡。例如三宅町的白山神社內留下據傳聖德太子曾在此歇息的「腰掛石」及繫住黑駒的「繫駒柳」；同町屏風的杵築神社內則保有「屏風清水」跡，相傳聖德太子曾在此以弓挖土求水。

然而，實際上並沒有找到聖德太子曾來往太子道的記錄，日後的文書也只記載著聖德太子修建了「筋違道」。不過從太子道的傾斜角度與斑鳩的街區劃分相符這點來看，還是讓人不禁把這條道路與聖德太子聯想在一起。

# 往西傾斜二十度的斑鳩「町區劃」保留了日本第一個棋盤式都市的痕跡？

曾遷居至距離飛鳥有二十多公里遠的斑鳩，聖德太子於推古天皇九年（六〇一）開始興建斑鳩宮，並在推古天皇十三年（六〇五）移居此宮。關於聖德太子為何會遷居至遙遠的斑鳩，本有說法認為這與他在蘇我馬子的政爭中敗陣下來有關，不過近年來根據對斑鳩寺（若草伽藍）與斑鳩宮進行的考古調查，開始有說法認為此舉與其地位衰退並無關聯。這是因為隨著逐漸揭開斑鳩之里的全貌，可知斑鳩開發的規模相當龐大，曾有過計劃性的都市營造。由此可推測聖德太子並非退隱斑鳩，而是懷抱著理想嘗試打造一個新都市。

根據調查結果，得知斑鳩之里的開發面積為東西長一．五公里，南北長一．二公里。最令人驚訝的是，該地區的土地區劃若以法隆寺北側地形為基準，南北軸呈現向西傾斜二十度；該區劃範圍中除了斑鳩宮外，法隆寺的前身若草伽藍及岡本宮等也是同樣的方位，連道路與水路等亦都以相同方位做廣範圍鋪設。此外如前所述，連接斑鳩到飛鳥直線延伸的道路也被認為在此時開闢。

相形之下現在法隆寺西院伽藍的南北軸僅傾斜七度，推測可能是遵照後來律令制土地區劃的結果。可見斑鳩之里是在遵照一定計畫的土地劃分下進行開發。

像這樣按照一定的區劃方式將土地劃分成方格狀建造都市的土地區劃制度，稱為條坊制。一般認為日本的條坊制是始於七世紀的藤原京。

然而，隨著斑鳩的全貌變得明朗，也提高了早在七世紀之前聖德太子就開始使用條坊制的可能性。因此也有人主張斑鳩之里才是日本最古老的棋盤格都市。

在前述的酒井龍一的論文《推古朝都市計畫的復原研究》中提到：

「『推古朝都市計畫』的基本特徵是，其基本軸線並非正南北向，而是西偏二十度左右。推古朝以前的飛鳥寺為正南北向，到了推古朝則往西偏；推古朝之後又恢復正南北向的軸線，在不同時期均有興建宮殿、寺院、建築物、柵欄、道路、水路等。」（《飛鳥與斑鳩》ナカシマヤ出版發行）

飛鳥的豐浦宮與斑鳩宮也因此才都是偏向同一方位。

## 七支刀獻給石上神宮的原因，在於該神宮是古代的武器庫！

若從櫻井市的海石榴市附近北上山邊之道，其終點便會抵達坐鎮於天理市布留山麓的石上神宮。佇立在蒼鬱森林之中的這座神宮據傳創建於神話時代，與櫻井市大神神社齊名為最古老的神社。

一般認為，直到十一世紀皇居的神嘉殿移建至此作為拜殿之前，石上神宮並沒有拜殿，而是仕奉祭祀於禁足地（禁止踏足的領域）的主祭神。

石上神宮的歷史甚至悠久到難以考證其起源，不過這裡最有名的就是相傳為四世紀時由百濟王贈與的七支刀。七支刀是百濟所朝貢的獻上品，不僅極具歷史意義，亦是外型相當罕見的珍貴鐵劍，從刀身的左右兩側各伸出三根枝刃，被指定為國寶。

儘管石上神宮大有來歷，但為何國家的重要寶物會供奉於此呢？

原因在於石上神宮曾是昔日大和政權的武器庫。除了七支刀外，還有兩面鐵盾流傳下來，然而這裡當然並非單純收納武器用的倉庫。

曾是古代大和政權武器庫的石上神宮內，流傳著古代由百濟獻上的七支刀。

石上神宮所祭祀的主祭神，是神武天皇東征之際，天神所賜的神劍布都御魂及其神靈布都御魂大神。此為透過祭祀武器的神靈，來祈求天下太平。

## 成為武器庫的原因

不過，關於石上神宮是何時成為大和政權的武器庫卻仍無定論。

原位於忍坂邑（櫻井市忍阪）的武器庫，不知何時被遷至石上神宮。從五世紀後半成立了神宮的聖地「禁足地」來看，可推測武器庫約在此一時期轉移。

武器庫遷移到石上神宮的原因，是由於這一帶為當時總括政權軍事與祭祀的權力者物部氏的根據地，而這想必也與石上神宮乃物部氏氏神脫不了關係。

不僅如此，這裡既是經由伊賀前往伊勢路線的起點，也是通往尾張、三河與東國的通道。對於當時積極進軍東國[59]的大和政權來說，石上之地除了是武家棟樑物部氏的根據地，亦是進軍東國的重要據點，推斷這正是石上神宮成為武器庫的原因。

而後，諸如於天武天皇時代將由豪族進獻的寶物物歸原主，或是根據記載顯示直到平安初期仍保管著數量龐大的武器，長期下來石上神宮充分發揮了武器庫的功用。

圍繞著石上神宮的神話世界，到了明治時代得以再度復甦。

在挖掘位於石上神宮拜殿後方被石玉垣[60]環繞的禁足地時，出土了許多武具、翡翠勾玉及棗玉等物品，讓這般神話世界的現身一時蔚為話題。

至今七支刀仍作為神寶妥善地供奉在石上神宮。而拜殿深處被石瑞垣環繞的禁足地也與一千五百多年以前一樣，靜謐地在此歌頌悠久的歷史。

## 日本最古老的鑄造錢「富本錢」出土自萬葉文化館用地的理由

說起日本最古老的鑄造錢，本來被認為是和銅元年（七〇八）發行的和同開珎，現今則推測應是七世紀末的富本錢。所謂富本錢，據說是基於天武天皇十二年（六八三）「自今以後，必用銅錢」的詔令所鑄造，外型為中央挖空的圓形銅錢，洞口的上下兩側刻有富本二字，左右則各綴有七顆圓點。

其存在開始為人所知是在二十世紀後半於平城京跡與藤原京跡現蹤之後，不過具體的認識還是要多虧在明日香村的飛鳥池遺跡（飛鳥池工房遺跡）發現了大量的富本錢。

其實，會在該地發現大量富本錢並不是因為這裡藏量豐富。從出土的富本錢當中包含殘留毛口（貨幣周圍附有從鑄型溢出凝固的部分）之物與劣等品來看，可知當時已具備由工房量產的體制。飛鳥池正是昔日富本錢被鑄造出來的場所，也是天武天皇時代富本錢的官營工房曾經存在的地方。

富本錢出土的場所位於現今「奈良縣立萬葉文化館」內，館內地板設有重現出土情況的展示窗口，供人在此觀賞。

## 古代的製造設施集中在此

飛鳥池遺址鄰近飛鳥寺東南方，面積南北可達約一百三十公尺。這裡設有將近二百座火爐，其中還根據不同業種修建各類工房，如金、銀、銅、鐵、玻璃、琥珀、瑪瑙、水晶、漆等，相當於一處官營綜合工房。

在飛鳥池工房運作的七世紀後半到八世紀間，正值天武天皇與持統天皇效法唐代律令制度建立國家的時期。從富本錢的大小、形狀與唐代的開元通寶幾乎一致這點來說，推斷天武天皇沿襲了唐代的制度，打造出日本最古老的鑄造錢。

另外，出土自藤原京大極殿前南門跡的壺內則發現了與飛鳥池工房出土的錢幣字體相異的富本錢。該錢幣被認為是祈求工程與建築物平安無事之際所用的道具「厭勝錢」，多少可以藉此看出朝廷一邊著手改良富本錢，一邊摸索日後讓銅錢流通的管道。

# ⁂ 古代的製造設施

萬葉文化館用地內所留下的飛鳥池工房跡。

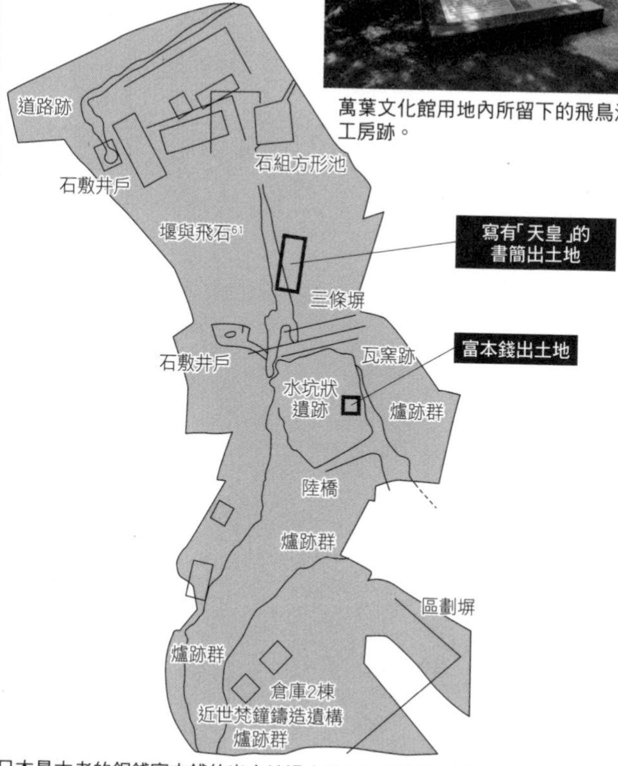

道路跡
石敷井戶
石組方形池
堰與飛石61
寫有「天皇」的
書簡出土地
三條塀
石敷井戶
瓦窯跡
富本錢出土地
水坑狀
遺跡
爐跡群
陸橋
爐跡群
區劃塀
爐跡群
倉庫2棟
近世梵鐘鑄造遺構
爐跡群


日本最古老的銅錢富本錢的出土地過去曾存在著稱為飛鳥池工房的官營工房。這裡除了銅錢以外，亦設有如玻璃、金、銀、鐵等各業種專用的鑄造設施。

# 佇立於西京的垂仁天皇陵的護城河上浮著的小島是什麼？

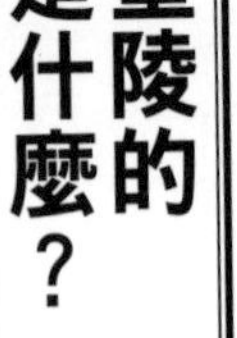

在奈良，所到之處都能見到古墳及天皇陵墓。光是想到這些引領古代日本的統治者在此沉睡千年以上的歲月就令人不禁遙想遠古時代，而這也正是奈良的魅力之一。

其中希望特別留意的就是鄰近近鐵尼辻站西側，為四周水位滿溢的護城河所環繞、中央隆起的垂仁天皇菅原伏見東陵。興建於五世紀前半，是座全長達二百二十七公尺的巨大前方後圓墳。

這座陵墓在水量豐沛的護城河東南方浮著一座如同小島般的塚，想必有不少人都對該塚的真面目感到匪夷所思。其實這裡是侍奉垂仁天皇的忠臣田道間守之墓，並流傳有一則傳說。

相傳沉睡在此前方後圓墳內的垂仁天皇曾有一段軼事：他在皇后日葉酢媛命去世之際，以人道立場廢除了活人陪葬的習俗，改製作埴輪（素陶器）作為代替。

而這位垂仁天皇在最後尋求的便是長生不老。

為四周護城河環繞的巨大前方後圓墳「垂仁天皇陵」以及忠臣田道間守之墓。

天皇派遣田道間守到常世國尋求能讓人長生不老的「非時香果」。常世國被認為是一處代表永恆不變的桃花源，只要吃了當地的果實就能長生不老。此外常世國亦與神仙思想結合，一般認為即是反映了仙人所居住的蓬萊山。

田道間守奉天皇旨意，費時十年總算從常世國帶回「非時香果」。然而卻為時已晚，垂仁天皇早已不在人世。

得知此事的田道間守感到異常悲痛，他將一半的非時香果獻給皇后，拿著另一半前往天皇陵前。傳說他不斷地哭喊，就這樣在慟哭之中死去。

## 天皇陵旁墓塚的真面目

浮於天皇陵旁的墓塚據說正是這位田道間守之墓，彷彿就像充滿關愛地緊偎在天皇陵旁靜靜地長眠。不過，在元祿年間的「山陵圖」中並沒有看見如同小島般的墓塚，應為幕末時基於尊皇思想所建，然而還是以原為堤防一部分的說法最為有力。

儘管天皇陵本身也與垂仁天皇的時代不符，從考古學來看可信度也不高，不過古墳周圍還是因應此一傳說種植了柑橘類樹木，季節一到就會散發陣陣芳香。

另外，也有傳說當時田道間守從常世國帶回的是橘柑，為日本柑橘類的始祖。自古以來橘柑便以耐冬寒夏暑廣為人知，的確很適合被當成永恆不變的食物。

而有關橘柑（Tachibana）名稱的由來，亦有一說認為正是從田道間守之花（Tachimamori-no-hana）轉為 Tajimabana，最後演變成 Tachibana 的讀音。

## 其實蘇我入鹿的首塚內並沒有埋藏首級？

位於奈良盆地南端，至今仍保留古代風貌的明日香村內的飛鳥寺西側佇立著一座孤零且陳舊、高一百四十九公分的五輪塔。這裡被稱作是乙巳之變中遭到殺害的蘇我入鹿的首塚。

蘇我入鹿相傳於七世紀半皇極天皇的時代繼承父業、就任大臣，也是一位隨心所欲掌握朝政的人物。為了讓同族的古人大兄皇子繼承皇位，不僅消滅了敵對的山背大兄王，甚至自詡為大王（天皇）而專橫霸道，最後在皇極天皇四年（六四五）中了中大兄皇子的計謀，被喚出宮殿遭到殺害。

根據五輪塔的相關傳說，據說當時被斬下的蘇我入鹿首級正好飛落至這座塔的位置，於是將該塔當作首塚。因此自古以來一直都有傳聞認為這裡埋有蘇我入鹿的首級；然而實際上首級似乎並不在這裡。

## 被殺的入鹿首級在哪裡？

的確談山神社描繪乙巳之變的繪卷《多武峯緣起繪卷》中，繪有蘇我入鹿被斬首後首級飛往空中的模樣，但人類的首級要從殺害現場的飛鳥板蓋宮跡飛到相隔六百公尺遠的首塚，從物理上來說根本是天方夜譚。加上《日本書紀》裡並沒有蘇我入鹿遭到斬首的紀錄，而是描述其慘死的屍體被蓋上草蓆放置在飛鳥板蓋宮的庭院，接著下起的雨使得庭院被鮮血染紅。

不久，蘇我入鹿的遺體作為督促投降的訊息被運回其父蘇我蝦夷身邊，成為蘇我蝦夷感嘆前途茫茫，在自宅放火自殺的契機。

若上述屬實，那麼蘇我入鹿的遺骸應該與其父親一同化作灰燼，根本不可能留下首級。更何況這座五輪塔的興建年代推測介於與飛鳥時代相隔四百年以上的鎌倉時代至南北朝時代，因此在飛鳥時代根本沒有這座塔。

然而，這裡卻流傳著一則就算入鹿的首級真的埋在這裡也不足為奇的傳聞，彷彿一切都是冥冥中的因緣際會。該首塚一帶在飛鳥時代原是一片廣場，名為「槻木廣場」，而乙巳之變的發起者中大兄皇子與中臣鎌足就是在此相遇。正在蹋蹴鞠的中大兄皇子把

位於舊飛鳥寺西門跡附近的蘇我入鹿的首塚。據傳乙巳之變時，遭到斬首的入鹿首級飛落至此地。

鞋子踢飛的時候正好被中臣鎌足撿起，自此兩人急速拉近距離，最後擬定了推翻蘇我氏的計畫。乙巳之變至大化革新這段歷史正可謂是從這裡開始的。

而蘇我入鹿的首級最終飛到這裡，讓人不禁感受到這其中的某種因緣。

話雖如此，或許是蘇我入鹿的怨念實在令人畏懼，明日香村內還留有其他蘇我入鹿首級飛來的傳說。

位於石舞台古墳以東，多武峰西麓的氣都和既神社境內一帶被稱為「茂古森」。該地名的由來據說是被蘇我入鹿首級追趕的中臣鎌足後來逃進這片森林，心想逃到這裡應該就「不會再追過來了吧！」[62]而得此名。

## 奈良町代代相傳的頭塔是日本版的金字塔!?

距離東大寺南大門以南不到一公里處，有一座彷彿日本版金字塔或佛塔（梵文稱窣堵坡，Stupa）般神祕的石積史跡「頭塔」。

這座頭塔建於單邊長約三十二公尺的方形基壇上，築有七層階梯狀石積，擁有高約十公尺的巨大規模。

第一層階梯單邊長約二十四公尺，每向上一層階梯邊長就會縮短約三公尺。仔細一看，奇數層階梯的東南西北四面均飾有石佛，截至目前為止已確認的數量有二十七尊；但原本奇數層應該各飾有十一尊，總計四十四尊石佛才對。據推測，塔頂上曾立有相輪，其姿態讓人聯想到立體曼荼羅[63]。

最奇妙的便是「頭塔」這個名稱，相傳是出自長久以來該塔被傳為埋有奈良時代僧侶玄昉首級的首塚。

而這裡也留有以下的傳承：

奈良町代代相傳的頭塔。名稱的由來源自將此地當成奈良時代僧侶玄昉首塚的迷信。（奈良市觀光協會提供）

玄昉曾到唐朝留學學習法向學，受到唐玄宗的尊敬。後來攜帶佛像與經綸回國，得到聖武天皇的信賴並受任僧正，與吉備真備[64]共同輔佐橘諸兄[65]政權。對此計畫奪回藤原氏勢力的藤原廣嗣於天平十二年（七四〇）在太宰府舉兵討伐玄昉等人，卻因失敗被捕而慘死。

## 怨靈催生頭塔傳說!?

在那之後過了幾年，玄昉被左遷至太宰府觀音寺並歿於當地，沒多久就開始出現可疑的風聲，謠傳玄昉是因藤原廣嗣的怨靈作祟而死。

這般傳聞隨著時間流逝變得更加駭人：由於藤原廣嗣的怨靈作祟，觀世音寺落慶供養日當天一道閃電劈下，玄昉突然消失無蹤。後來玄昉的首級落至興福寺，由弟子們埋葬。而當初埋葬玄昉首級的地點據說就位於現今奈良市高畑町，亦即「頭塔」的所在地。

甚至到了江戶時代，玄昉身體的其他部分掉在他處的傳聞逐漸傳開。比方說，肘塚町的名稱源自手肘掉落在當地；據傳有眉毛及眼睛掉落的大豆山町則留下了眉目塚跡。

就這樣，頭塔逐漸被當成與怨靈有關的可怕場所。

不過頭塔並非首塚，自然沒有埋葬首級。該塔原本被稱作「土塔」，相傳是東大寺僧侶實忠於神護景雲元年（七六七）所修築的罕見土製佛塔。與五重塔一樣，是用來供奉佛舍利的佛塔（窣堵坡）。

根據推測是因為後來人們把土塔（Dotou）誤讀為「Zutou」而在不知不覺間衍生出「頭塔（Zutou）」一稱，因此才被穿鑿附會為玄昉的首塚。

第三章

# 大和地方流傳的信仰・傳說之謎

# 佛教傳入之地為何位在遠離海洋的內陸？

據《日本書紀》記載，佛教是在欽明天皇十三年（五五二）公傳到日本。傳教的契機源自百濟的聖明王贈送日本釋迦牟尼佛像及佛經，然而佛教並沒有立刻在日本傳開來。

另一方面，《上宮聖德法王帝說》及《元興寺緣起》則記載欽明天皇是在西元五三一年即位，佛教傳來則是欽明天皇七年（五三八），現在以五三八年傳入的說法最為有力。《日本書紀》描述欽明天皇首先詢問眾臣能否接納佛教，卻引發激烈的爭論。大臣蘇我稻目主張「既然西方諸國亦拜佛，我國豈有拒絕之理」，建議天皇接納佛教；然而在大和政權內與蘇我氏抗衡的物部尾輿等人卻持反對意見，認為「如信仰異國之神，我國古來神明必感憤怒。」因此，欽明天皇僅允許蘇我氏以個人名義信仰佛教。

到了敏達天皇時代，瘟疫盛行的原因被歸咎於佛教崇拜，進行了焚燒佛殿、將佛像投棄至難波的堀江等鎮壓行動；直到用明天皇二年（五八七）蘇我氏消滅物部氏後，日本才終於接納佛教。自此佛教在聖德太子的推廣下，經過漫長歲月深植於日本社會。

櫻井市金屋町的佛教傳來之地碑。關於佛教傳入的時間眾說紛紜，現以538年的說法最有力。

在佛教傳入二百年後的天平勝寶四年（七五二），於東大寺舉辦了盛大隆重的大佛開眼法要。

## 位於河畔熱鬧的交易地・海石榴市

攜帶佛像與佛經來日的百濟聖明王使者踏出第一步的地方，便是位於櫻井市初瀨川畔的海石榴市。現在這一帶已整修為金屋河川敷公園及磯城嶋公園，內部建有「佛教傳來之碑」與「磯城嶋金刺宮跡傳承地之碑」。

不過這個場所卻位在遠離海洋的奈良盆地最深處的三輪山山麓。本應從朝鮮半島經由通過瀨戶內海的海路抵達日本的百濟使者，為何會在這裡上陸呢？

《日本書紀》記載著欽明天皇元年（五四〇）：「遷都至磯城郡的磯城嶋，是為磯城嶋金刺宮」，而百濟使者為取得佛教普及的許可，就必須直接晉見天皇。自古以來，初瀨川・大和川水系就是使用江船來輸送人與物資。據說當時若是河內難波津以前的河道會利用大型海船、從難波津到大和川下游的河道轉搭稍大的江船，到了上游則改搭淺底的小舟，利用水運將百濟使者送達欽明天皇的金刺宮附近。

而在約莫半世紀後的推古天皇十六年（六〇八），遣隋使小野妹子隨同隋朝派遣的回禮使者裴世清一行人回國。根據《日本書紀》記載，據說朝廷派出七十五匹飾馬列隊，盛大地迎接裴世清一行人。兩年後來自新羅與任那[66]的使者們也同樣在此受到歡迎。

海石榴市為一交通要衝，有山邊之道等街道在此相交，水運也相當興盛。人與物資在此頻繁往來，開市之日也會舉辦歌垣，是素有「八十衢[67]」之稱且國際色彩濃厚的繁華街道。《古事記》、《日本書紀》、《萬葉集》以及平安時代的《枕草子》中均有記載其熱鬧繁榮的景象。

市場的興盛也能作為物資豐富、產業發達，國力充沛的證據。

## ⁂ 飛鳥時代的交通網

古代初瀨川沿岸的櫻井市金屋附近有個日本最古老的繁榮市場，名為海石榴市。平安時代，海石榴市作為參拜長谷寺與伊勢神宮的宿場町[68]而繁盛，紫式部、藤原道綱之母等眾多文人也曾造訪。
堀江
難波
茅渟海（大坂灣）
大伴氏
生駒山
大道
四天王寺
大和川
遣隋使航路
衣摺
物部氏
阿都
住吉社
龍田道
斑鳩寺
斑鳩宮
物部氏
石上神宮
初瀨川
三輪山
飛鳥川
耳成山
海石榴市
百舌鳥古墳群
大坂道
二上山
蘇我氏
聖德太子墓
推古天皇陵
當麻道
橫大路
畝傍山
崇峻天皇陵
衞香川
飛鳥寺
橘寺
石舞台古墳

佛教傳入當時，畿內的交通多半仰賴河運。外交使節必須在難波津轉搭江船溯大和川而上，才能進入奈良盆地。

使者們並非只是單純地經過市集，他們在這裡目睹市場繁盛的景象，同時受到盛大歡迎。大和政權就是利用這種方式展現國力。佛教所登陸的三輪山西南山麓一帶正可謂是日本的玄關，同時也朝著世界敞開。

## 奈良縣到處是蛇!?
## 各地至今仍流傳著佛教傳入前的信仰！

御所市蛇穴的野口神社於每年五月五日會舉辦「汁掛祭」，以稻草模仿蛇形編成一條長約十四公尺的繩索，再用味噌湯潑灑其上。

根據傳說，有位女孩因為過度迷戀修行中的役小角[69]而幻化成蛇形，還一邊噴火一邊追趕役小角。村民見狀在驚嚇中朝蛇潑灑味噌湯後，將逃到洞穴內的蛇以巨石封住洞口。由於這個傳說，境內也留下了蛇塚。

後來，村民們為悼念女孩所舉辦的祭典就是「汁掛祭」。據說自那時起，村名也從市部村改名為蛇穴。另一方面，位於田原本町鍵的八坂神社會使用稻草與麥稈，而位在同町今里的杵築神社則是使用麥稈來編製成蛇形，於六月第一個星期日舉行「蛇盤卷」，由氏子[70]抬著蛇形巡迴整個聚落，祈求五穀豐收。

橿原市上品寺町所舉行的「Shaka-shaka 祭」除了用麥稈編製的蛇形還會在巡迴途中一邊模仿飲水的動作。古時原於每年農曆五月五日為祈求豐收而舉行的這項祭典現在則

## ※ 奈良縣內的野神祭祀儀式

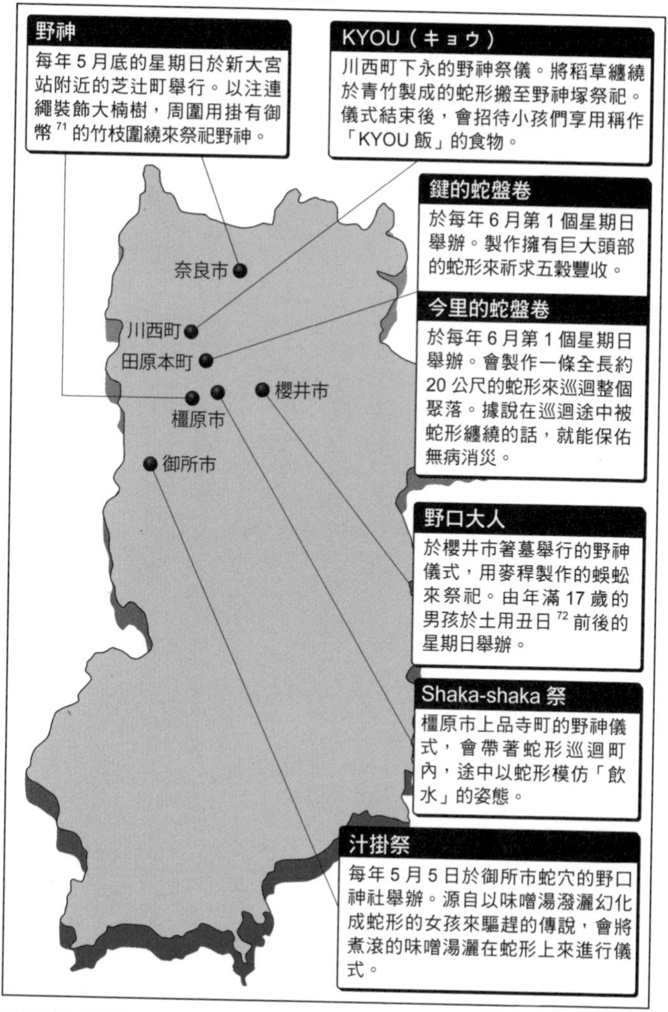
野神
每年5月底的星期日於新大宮站附近的芝辻町舉行。以注連繩裝飾大楠樹，周圍用掛有御幣[71]的竹枝圍繞來祭祀野神。
KYOU（キョウ）
川西町下永的野神祭儀。將稻草纏繞於青竹製成的蛇形搬至野神塚祭祀。儀式結束後，會招待小孩們享用稱作「KYOU飯」的食物。
鍵的蛇盤卷
於每年6月第1個星期日舉辦。製作擁有巨大頭部的蛇形來祈求五穀豐收。
今里的蛇盤卷
於每年6月第1個星期日舉辦。會製作一條全長約20公尺的蛇形來巡迴整個聚落。據說在巡迴途中被蛇形纏繞的話，就能保佑無病消災。
奈良市
川西町
田原本町
櫻井市
橿原市
御所市
野口大人
於櫻井市箸墓舉行的野神儀式，用麥稈製作的蜈蚣來祭祀。由年滿17歲的男孩於土用丑日[72]前後的星期日舉辦。
Shaka-shaka祭
橿原市上品寺町的野神儀式，會帶著蛇形巡迴町內，途中以蛇形模仿「飲水」的姿態。
汁掛祭
每年5月5日於御所市蛇穴的野口神社舉辦。源自以味噌湯潑灑幻化成蛇形的女孩來驅趕的傳說，會將煮滾的味噌湯灑在蛇形上來進行儀式。

奈良縣內有眾多以蛇為神的祭祀活動。

改在每年六月五日舉辦。「Shaka-shaka」是形容蛇前進草叢時發出的窸窣聲，或有說法認為取自小孩大喊「蛇來了！蛇來了！（Ja-ga-kita）」的諧音變化。以上這些祭典已全都被官方認定為國家無形民俗文化財。

除此之外，奈良縣內其他以稻草編製的蛇形進行祭祀的儀式祭典可說是多不勝數。但這樣一來豈不是奈良縣好像到處都充滿了蛇一樣嗎？

## 蛇不只是讓人避而遠之的存在

在現代，大部分的人一看到蛇不是尖叫就是感到毛骨悚然。正如同汁掛祭的起源傳說，有時蛇會被視為女性妄執與執念的象徵，給人負面印象。另一方面，古代人比起說是懼怕蛇，倒不如說更接近敬畏。這是因為蛇也被當作神或神使受到祭祀。

舉例來說，三輪山之神的大物主神每晚都會前往某位公主的身邊，當公主懇求祂現身時，大物主神便化作一條美麗的小蛇，即所謂箸墓傳說（詳見136頁）。大神神社內也祭祀著「巳之神杉」，相傳身為神使的蛇便棲息於此。其實這類傳說不僅奈良，亦有記載於諸國的「風土記」，在日本全國各地皆有流傳。

蛇穴的汁掛祭是在蛇形上潑灑煮滾的味噌湯來祭祀傳說中的女孩，並祈求五穀豐收。

其中奈良縣各地至今仍持續舉行的祭蛇活動，是以佛教傳入前名為「野神」的信仰形式所流傳下來的。

「野神」祭儀的形式相當多樣化，像是將蛇形纏繞在朴樹上、招待聚集的民眾喝味噌湯，或是供奉鐵鏟、鋤頭等農具之類。

不過其中的共通之處就是祈求五穀豐收。因此幾乎所有野神儀式都是在五月到六月插秧前舉行。

此外，不論哪種祭典都是由小孩負責抬蛇形，因此也可以說是一種祈求孩子能如同蛇脫皮成長般順利長大的祭祀儀式。

## 被認為因廢佛毀釋而寺院全毀的十津川村還留有兩間寺院！

昔日十津川村內有五十四間寺院，然而在明治時代頒布的神佛分離令之下引發廢佛毀釋運動，使得境內所有的寺院全遭到廢除。僧侶被迫面臨還俗或是放逐村外的嚴酷選擇，而所有村民全都成了玉置神社的氏子。廢佛毀釋雖然導致日本全國各地的眾多寺院被摧毀，在十津川村卻更是進行得特別徹底，一般認為這可能是因為該村自古以來勤皇、尊皇風氣相當盛行所致。

六七二年的壬申之亂[73]，十津川村因參加天武天皇軍立下戰功，竟獲免除租稅直到明治年間實施地租改正為止，從日本全國來看這般長期的赦免實屬相當罕見。在幕末，該村除了舉兵響應文久三年（一八六三）爆發的天誅組之變，還大舉投身勤皇、尊皇活動，不僅脫離幕府統治改由朝廷管轄，更曾擔任御所警衛，活躍一時，於明治四年（一八七一）全體鄉民皆被列為士族。據傳御所警衛除了薩摩、長州、土佐三藩外都交由十津川鄉士負責，可知十津川村的勤皇精神的確受到極高的評價。

這般在激進的廢佛毀釋運動下寺院遭到全面摧毀的十津川村，實際上現在還保留著兩座寺院，而且寺名也與廢佛毀釋前相同。

其中一間便是「光明寺」。以前的建築物雖不復存在，當地人卻以改建的建築物作為寺院設施，居民每月兩次會在此集合進行誦經等活動。

另一間則是「龍泉寺」，雖然同樣沒有留下昔日的建築，不過該寺的一位檀家[74]卻偷偷藏了佛像，並傳給其子孫。

到了平成二年（一九九〇），信徒的子孫及當地人的努力終於有了成果，寺院得以重建；不僅天花板上繪有祥龍，還有住持常駐，相當氣派。據說龍泉寺的寺名是由於該寺周圍棲息著許多俗稱青大將的日本錦蛇，並將之比作龍而得名。

寺院裡安置有兩尊佛像，不過在十津川歷史民俗資料館內另外保管並展示了四尊佛像，其中有的還是從廢佛毀釋後改建作為小學使用的建築物閣樓內找到的。

在廢佛毀釋的風暴當中，十津川村的佛教徒們如同隱匿的基督徒般將佛像隱藏起來並維持信仰，最終得以為村內佛教的復興做出極大的貢獻。

# 為何廣陵町自稱為「輝夜姬傳承地」？

廣陵町的襪子產量約佔日本全國生產量的四成，是知名的襪子之町，不過近年來亦以輝夜姬之町打響名號。有輝夜姬登場的《竹取物語》誕生於平安初期，是日本最早的物語（小說）；即便大多數人都認為這不過是普通的童話，然而這個故事並非荒唐無稽之談，而是自有其根據。

《竹取物語》中，從發光的竹子裡發現並養育輝夜姬長大成人的老翁名叫「讚岐造」，有「讚岐村的長老」之意。廣陵町原是奈良時代以來被稱作廣瀨郡的地域，町內有個地區在古代被稱為散吉鄉，據傳讚岐一族曾住在這裡。此外，供奉「讚岐造」的「讚岐神社」亦座落在散吉鄉的中心地帶；該神社是十世紀的律令條文《延喜式》中亦有記載的古老神社，其周邊不但如今也還保有竹林，亦可見許多含「竹」或「藪」字的姓氏。

這裡不僅是《春日權現驗記繪》中記載發現發光竹子的竹林候補地，連輝夜姬的命名者「御室戶（mimuroto）齋部的秋田」之名也因為廣陵町流傳的地名「三諸岡（mimurooka）」

而讓人聯想到「齋部的秋田」住在這裡的設定。

《竹取物語》當中有出現一幕是五位貴族向長大成人後變得亭亭玉立的輝夜姬求婚，而輝夜姬則分別對他們提出難題，讓他們知難而退。這五名求婚者的官職與姓名，分別是石作皇子、車持皇子、右大臣阿倍御主人、大納言大伴御行以及中納言石上麻呂。阿倍御主人以下的三人均為實際存在的人物；石作皇子應是與石作氏同族的多治比嶋，至於車持皇子則據說是天智天皇與名叫車池氏的女性之間生下的藤原不比等。以上皆由江戶時代末期撰寫《竹取物語考》的國學者加納諸平所提出。

其實這五名貴族都是天武・持統天皇時代在壬申之亂中立有功績的人物，連《日本書紀》及相當於當時貴族名簿的《公卿補佐》等史料中也有記載其名。

令人驚訝的是，與輝夜姬（Kaguyahime）名字發音相同的女性還有另外一人，那就是第九代開化天皇的曾孫女「迦具夜比賣命（Kaguyahime-no-mikoto）」，而後成為第十一代垂仁天皇的妃子，其伯父則是名為讚岐垂根王的人物。另外也有說法認為，曾向輝夜姬求婚但最終因輝夜姬回到月亮而失戀的天皇其實就是文武天皇。

諸如上述，如果幾乎所有的登場人物都是實際存在的人物，就不難理解為何會說輝夜姬的故事是以廣陵町為舞台發生的真人實事為範本了。

# 紀伊半島有何地理背景，使得能劇傳入天川村？

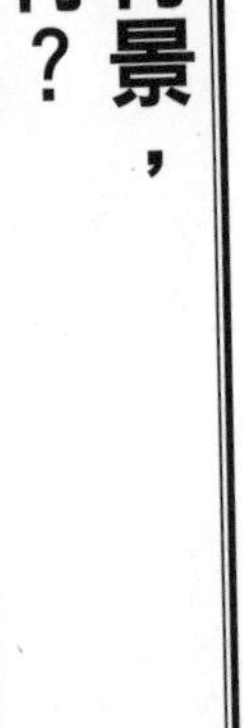

座落於吉野郡天川村的天河大辨財天社，以「天河神社」之名廣為人知。登上石階後，左側可以看到本殿，右側則是能舞台。雖然辨財天是眾所皆知的掌管技藝之神，不過在神社境內有能舞台與本殿並列，稱得上是相當罕見。

江戶時代，該神社曾被當作本館成立能樂座，也有許多能樂者陸續來此表演。不僅如此，天河神社的歷代神主都擅長舞能，據說甚至會出訪紀州（和歌山縣）獻納表演。這一般被認為是考慮到神社經營而舉辦，雖然最近已不常見，不過據說年長的氏子當中仍有人會哼唱能謠曲，可見能劇已與日常生活相結合。時至今日，觀世座也還是會在每年七月十七日的大祭上獻納能的表演。

天河神社內保存了眾多外界捐贈的能面與能劇服裝，亦藏有為數眾多的謠本等文書。自古以來，人們相信傳統演藝具有驅邪、祭祖的力量，然而能劇為何會在這樣的深山僻地裡如此興盛？

## ※促使能劇興盛的天川村地理環境

據傳由役行者所創之修驗道的聖地。供奉藏王權現。
空海獲嵯峨天皇所賜，將此地作為真言密教的道場，乃密教聖地。
奈良縣
三重縣
吉野山
金峯山寺
伊勢神宮
吉水神社
金峰神社
吉野水分神社
志摩半島
大峰山寺
和歌山
高野山
金剛峯寺
彌山
海南
佛經岳
熊野參詣道伊勢路
天川村
和歌山縣
大峯奧駈道
御坊
熊野本宮大社
熊野參詣道中邊路
熊野速玉大社
熊野那智大社
補陀洛山寺
太平洋
那智山
熊野參詣道大邊路
由於神佛習合，該寺供奉著被視為佛化身的熊野三神。
天川村幾乎位於連接紀伊三大道場—熊野、高野山、吉野所構成三角地帶的中央。

為迎接修驗道的山伏們而曾多次上演能劇的天和大辨財天神社。（天川村役場提供）

觀察紀伊半島的地圖就能發現，天川村的位置幾乎位在三大靈場——供奉熊野三山的神佛習合靈場「熊野」、真言密教的道場「高野山」以及修驗道的聖地「吉野」——所連接而成的三角地帶正中央，附近還有被視為修驗道中心地的大峯山宿場及洞川。基於上述地理條件，使得天川村一帶被視為神聖之地，山伏[75]們也在此聚集。到了鎌倉時代，山伏之間養成了於洞川住宿，隔天前往天河神社觀賞神樂的習慣；他們相信可藉由神樂來與神合為一體，以求靈驗。

說起來，天河神社的創建是源自相傳修驗道始祖役小角造訪此地時，面對突然降臨的天女領悟到其真身為辨財天的傳說。辨財天既為水神，又名「妙音天」，推測是從流水聲而被當成音樂之神。或許役小角便是將天河的潺潺水聲當成辨財天所演奏的音樂也說不定。

能劇在天川如此盛行最直接的開端，是因為室町時代以能的集大成者聞名的世阿彌（觀世元清）之嫡子觀世元雅來此地獻納能的表演。由於世阿彌．元雅父子遭到第六代將軍足利義教下令禁止表演能，因而離開京城投靠大和的越智氏；為祈求心願實現，於是造訪神樂盛行的天川向神社獻納能劇《唐船》並寄贈能面。自此天河神社才開始盛行能劇。

## 為何大神神社境內沒有本殿!?

從行經櫻井市的JR萬葉MAHOROBA線（櫻井線）三輪站下車後，映入眼簾的松樹林道便是大神神社的參道。順著參道一路往前走，參拜者就會逐漸接近呈平緩圓錐狀的三輪山。即便是擁有眾多神社的奈良，大神神社也可說是歷史最悠久的神社；境內四周林木蒼鬱，令人感受到其悠久氛圍。

該神社主要供奉的祭神為大物主神（倭大物主櫛甕魂命），據說是曾協助出雲的大國主神建立國家的強大神明。參道的正面建有莊嚴的拜殿，讓來訪者在此進行參拜。

不過這間神社並沒有本殿。除了拜殿外，儘管境內有許多攝社、末社，但卻不見最重要的有神明鎮座的本殿。這麼一來或許多少會讓人擔心自己的祈禱是否能順利傳達給神明。

不過其實並不需要擔心，因為大神神社的御神體正是三輪山本身。拜殿的深處有一座「三鳥居」，即在明神型鳥居76兩側建有小型的脇鳥居77，且瑞垣向左右延伸，藉此來參拜三輪山。

沒有本殿的神社或許讓人覺得有些不可思議，但據說這裡是形式最古老的神社，完整地保留了原始的祭祀方式。古代人認為神是寄宿在山、古木岩石等大自然當中，而供奉這些神靈所附身的依代[78]，就是最簡樸的祭祀形式。

## 也有連宮司都禁止進入的場所

將山視為神聖的存在也是屬於最古老信仰的一種。古代日本人尊稱形狀優美的山為神靈坐鎮的「三諸神奈備[79]」，予以敬拜。三輪山正是神奈備信仰的典型之一，據說連大和政權草創時期的古代天皇也曾前來祭拜，且山中仍留有被認為是祭祀用的巨石群。如今距離三鳥居約二百公尺的深處仍是禁足地，別說是一般民眾，就連宮司也禁止踏足，因此也幾乎沒有進行過學術調查。

在每年元旦的凌晨零時開始舉行的繞道祭中，會打開三鳥居的大門，由宮司遵循自古流傳的起火方式，以燧杵及燧臼點燃御神火。接著扛起以御神火點燃的大火炬，巡拜攝社及末社，開始大和地區新的一年。

一聽到整座山就是御神體時，人們多半會想像成一座人煙稀少又險峻的山，然而意

大神神社的拜殿。現在的拜殿是寬文 4 年（1664）由第四代德川將軍家綱所重建。

外的是被視為神奈備的山大多都屬鄰近人里、高度較低的獨立山峰。三輪山就是最典型的例子；標高四六七・一公尺與和緩地向山腳延伸的線條，從大和平原的任何一處都能夠望見其姿態。對這裡的居民而言，把三輪山視作御神體是件很自然的事，因此大神神社也被暱稱為「三輪大人」。

三輪山雖有開放登山，卻是有別於一般登山的「登拜」。雖說往返約四公里的路程大約只需兩個小時，卻有一定要在三小時內下山的規定。人們可到位於大神神社北側的狹井神社辦理申請並繳納費用三百日圓，戴上「參拜証布條」去除自身邪念，再靜下心來登上登拜道。

## 位於山邊之道附近的「KATAYAKESHI」究竟是什麼？

穴師坐兵主神社位於櫻井市的三輪山麓上，其參道旁邊有一間擁有土俵的小神社，稱為「KATAYAKESHI」，在當地也留有同名的「字[80]」。「KATAYA」的漢字寫作「方屋」，意指土俵四根角柱的內側。關於「KESHI」的漢字標示則說法不一，像是「家司」、「敷き」等。該神社內種有四棵表示土俵位置的日本扁柏，成了一種標記，但並沒有真的存在土俵。實際上，這裡據說是相撲的發祥之地。

昭和三十七年（一九六二）十月，便是在這個相撲發祥傳承之地獻納橫綱入土俵儀式，由時津風理事長擔任祭主，出席者包含大鵬、柏戶兩位橫綱以下的所有幕內力士。

《日本書紀》中垂仁天皇七年有記載如下：七月七日，有位以力氣大自豪、名叫當麻蹶速的人物，表示想要跟與自己勢均力敵的強者進行一場置生死於度外的較量，天皇便從出雲喚來了野見宿禰。兩人面對面進行相撲比試，結果野見宿禰踩碎了當麻蹶速的肋骨將他殺死，贏得了勝利。這就是日本最早的天覽相撲。

坐鎮於山邊之道附近的相撲神社。供奉著野見宿禰的境內可看到土俵（KATAYAKESHI）。

當時的相撲會彼此互踢，是稍有不慎甚至會殺死對方的激烈比試；在這之後，相撲則以各種形式大為盛行。皇極天皇元年（六四二），就曾在宮中為招待百濟的使者而舉行相撲，每到儀式之際也會同歌舞一起舉行。聖武天皇還從全國農村挑選出強健者，命他們在宮中庭院進行相撲。到了平安時代，這種習俗於是以相撲節會的形式確立。

## 如今橫綱也會獻納的入土俵儀式

一般認為宮中的相撲是取自庶民之間自古以來盛行的相撲，而相撲也並非單純的角力，更是占卜當年度是否豐收的農耕儀式，也是神事（祭祀儀式）的一種。

直到現在，奈良縣內仍有許多神社舉行獻納相撲。獻納相撲的重點不在分出勝負，而是著重形式，像是在雅樂的伴奏中擺出較量的動作、力士抱著對方的胳膊不斷地繞圈子，或是由身上沾滿更多泥巴者取得獲勝等。

位於奈良縣奈良町的奈良豆比谷神社在每年十月八日晚上所舉辦的名為「翁舞」的古代舞蹈，乃是國家指定的重要無形民俗文化財。翁舞結束後的隔天，會從講[81]的成員中挑選兩名年滿六十歲以上的老人演出神事相撲。兩人從行司手上接過飾有白幣的紅淡比（榊）枝條後用雙手舉起，然後繞舞殿三圈。由於神事相撲目的不在相互競爭力量與技巧而是祈求作物豐收的儀式，因此「Ho-oi」的吆喝聲也取諧音而有「稻穗多」之意。

現在我們在電視上所看到的相撲，是繼承自江戶時代備受歡迎的勸進相撲，比起神事更具有運動色彩。

供奉相撲之祖野見宿禰的十二柱神社位於穴師坐兵主神社東南方約四公里的櫻井市出雲一帶。境內一座高達三公尺的巨大五輪塔祭祀著移建自存在於明治初期以前的野見宿禰古墳塚，而這間神社相傳亦是古代天皇當中以武勇聞名的武烈天皇所居住之泊瀨列城宮的所在。

# 因人們藉種植櫻樹苗積功德才促成了吉野山櫻花的誕生

說起吉野，就會讓人想起滿山遍野盛開的櫻花。諸如西行及松尾芭蕉等，曾有不少文人墨客對吉野的櫻花絕景讚嘆不已。

然而，八世紀後半編纂而成的《萬葉集》中卻連一首詠嘆櫻花的和歌也沒有。以吉野為主題的四十四首詩歌當中，沒有任何一首有出現櫻花。於八世紀中葉所編纂的漢詩集《懷風藻》也是一樣，雖然書中收錄了二十首詠嘆吉野的漢詩，卻完全沒有提到櫻花。

也就是說，當時的人並沒有吉野＝櫻花的印象，萬葉時代的人們倒不如說是將山脈疊巒的吉野視為莊嚴的自然之地。不論是壬申之亂時在吉野舉兵獲勝的天武天皇還是其皇后（後來的持統天皇），都像是為了不忘那段艱苦的時代一般屢次前往吉野行幸。當時，與吉野相關的和歌最常詠嘆的並非櫻花，而是吉野川的急流。

隨著時代推移，吉野給人的印象轉為雪景。源義經的愛妾靜御前與從都城平安逃脫的源義經在吉野淚別之際，曾如此詠嘆：

「噫噫吉野山上雪　伊人入山隱蹤跡　獨留足跡使人眷[82]」

可知吉野的確會讓人聯想到不同於都城的嚴酷自然環境。

儘管如此，如果真有滿山遍野的櫻花，應該會讓人印象深刻才是。但事實上吉野的櫻花並非天然生成，而是人為栽種、細心照料而成。

## 種櫻樹是一種稅金對策？

據傳七世紀時，修驗道始祖役小角在櫻樹上雕刻藏王權現像後，告訴吉野當地村民說：「櫻樹乃是神木，絕不可採伐。」加上自古以來本就有將櫻花視為神聖象徵的習俗，隨著這個傳說在平安時代廣為流傳，櫻樹開始受到保護。據說當地村民及修驗者們禁止折斷櫻樹的一枝一幹，甚至連其枯木與枯葉也不能當作柴火；此外，他們也深信種植或獻納櫻樹苗者可積功德。

平安時代末期的《新古今和歌集》中收錄了西行詠嘆吉野櫻花的和歌，可見從這時起吉野的櫻花才逐漸為世人所知。

而後吉野的櫻花持續增加，豪商及公家會捐贈大量的櫻樹苗，就連豐臣秀吉每到吉野賞花時，也會捐出一萬株櫻樹苗與資金。

吉野的千本櫻。每年都有眾多觀光客聚集在賞櫻勝地的吉野。（吉野町役場提供）

而種植櫻樹的土地可以免稅這件事更是帶動了植樹風潮。吉野的櫻樹面積因此逐漸擴張，從「下千本」擴展到「中千本」，再延伸至「上千本」，最後擴大到山頂附近的「奧千本」。

如今我們能夠眺望吉野的櫻花絕景，得歸功於當地居民持續不斷的努力。櫻樹不是種植後任其自由生長就好，必須悉心照料。尤其可能因為吉野的濕氣重，過了七十年左右便枯萎的樹也不在少數。雖然在明治初期，這裡曾受到廢佛毀釋的影響幾近荒廢，不過在跨越重重危機後，吉野之櫻得以持續綻放至今。

# 裝飾在矢田坐久志玉比古神社樓門上的螺旋槳有何意義？

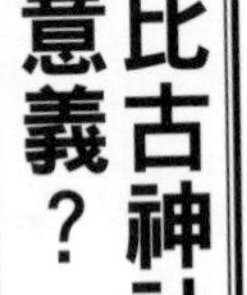

凡是前往位於大和郡山市的矢田坐久志玉比古神社參拜的訪客，一抬起頭來一定會大吃一驚。因為樓門上除了高懸著寫有「航空祖神」的木製匾額外，還懸掛著與神社形象完全不般配的飛機螺旋槳。

這個木製的螺旋槳據說與第二次世界大戰前帝國陸軍最初的單翼戰鬥機——舊中島飛機所製造的九一式戰鬥機螺旋槳為同一款，於昭和十八年（一九四三）由帝國陸軍懸掛在樓門上。此外匾額則是由舊海軍航空隊司令、戰後長年擔任參議院議員的源田實所獻贈。

雖然不可能因螺旋槳轉動讓整間神社起飛，但螺旋槳與神社的組合到底是從何而來的呢？

這間神社祭祀的饒速日命為天照大神的孫子，據傳祂從天上降臨地面後，成了豪族物部氏的始祖。

饒速日命帶著天照大神所賜具備能讓死者復生等能力的十種神寶，並率領三十二柱神一同搭乘「天磐船」從天而降。

這裡的「天磐船」究竟是什麼形狀、又是如何飛行令人十分在意，但很遺憾並沒有留下任何記錄。

而且據說饒速日命先降臨在河內國[83]河上哮峯之後，又再度搭乘天磐船飛越天際抵達大倭國鳥見白庭山[84]。這顯示了再次飛行的可能性，讓人相當感興趣。據說大阪府交野市的磐船神社便把天磐船奉為御神體。

由於饒速日命像這樣搭乘「天磐船」在空中旅行抵達大和，因而被奉為「航空祖神」，廣受航空相關人員的信仰。

此外，矢田坐久志玉比古神社又別稱「矢落明神」，這是源自饒速日命為了決定住處，從天磐船射出三枝箭的傳說。

其中第二枝箭就落在矢田坐久志玉比古神社，神社境內亦有座「傳承 二之矢塚」；第一枝箭據說落在位於神社東南方一公里處的民家私有地，而第三枝箭落下的北矢田社會教育會館附近則立有「傳承 三之矢塚」。這一帶周邊的地名「矢田」，便是由來自饒速日命所射出的箭矢。

# 祭祀「大和號」戰艦的神社就在奈良!?

座落於天理市的大和神社每年四月一日舉行的例行祭典「Chan-chan 祭」，其獨特名稱的由來據說是源自附近寺院的僧侶曾「鏘鏘（Chan-chan）」地敲打寺內的鉦鼓來迎接遊行的神轎。

在大和地區的神社大祭中，「Chan-chan 祭」是在一年中最早的季節舉辦，被視為宣告春季來臨的祭典。昔日曾為大和神社神宮寺[85]的長岳寺住持也會一同參與抬神轎遊行。相對之下，一年中最後一場祭典就是十二月十七日由春日若宮舉辦的「御祭」，其知名程度甚有所謂「一年祭典之初始於Chan-chan 祭，收於御祭」的俗諺。

昔日大和神社曾是地位極高的神社，主祭神大國魂大神曾與天照大神一同在皇宮內受到供奉。然而，崇神天皇卻以在宮內供奉二神有不敬之嫌為由，將天照大神與大國魂大神分別祭祀於笠縫邑與穴磯邑，之後又經數次遷座才落腳現址。

現在，大和神社內的祭神除了原先的大國魂大神，還加上八千戈神以及御歲大神。

大國魂大神與八千戈神皆為大國主神的別稱，其中八千戈神被視為英勇善戰的神祇。

八世紀中期，大和神社除了大和外，在尾張、武藏、常陸、安藝、出雲等諸國共有三百二十七戶神封（向神社捐獻進貢的封戶），在數量上只低於伊勢神宮。到了九世紀更陸續獲授從二位、從一位、正一位等神階，可見其受重視的程度亦僅次於伊勢神宮。

不僅如此，大和神社的神還被分祀在令人意外的場所，即號稱史上最強戰艦的「大和號」。日本海軍的軍艦內幾乎一定會設置神社，且大多是從名稱與艦名相近的神社迎神分祀。加上大和神社的祭神既是武勇之神、破邪顯正之神，也具備了航海神的性格。

《萬葉集》中收錄了山上憶良送給遣唐使的一首歌：

「……諸大御神　願立船舳導先路　天地諸大御神　願大和大國魂大神　飛越天空賜照覽[86]」來向大和神社的祭神祈求航海安全。

除此之外，奈良時代掌管大和神社祭祀的大倭直氏，被認為是出自以神武東征[87]時擔任領航人的椎根津彥為始祖，並以豐後水道或明石海峽為根據地的一族，因此這個神社可以說是與海有相當深厚的淵源。而「大和號」戰艦沉沒時去世者的亡靈則被安置於末社、祖靈社一同合祀，神社境內也建有一座「戰艦大和紀念塔」。

# 竟有祭祀古代冰箱之神的神社!?

盛夏時，一口氣喝下加了冰塊的飲料是現代人才有的享受。不過就算是沒有冰箱的古代人，也曾品嘗過盛夏的冰涼滋味。

透露出上述事實的，是夾道鎮座於現今奈良國立博物館對面的冰室神社，供奉著「冰室明神」。「冰室」是指可保存冬季所結冰塊的貯藏室，據說放入冰室的冰塊就算經過整個夏天也不會融化。

冰室的起源相當古老，在《日本書紀》中關於仁德天皇時代便有相關的紀錄。

當仁德天皇同父異母的胞弟額田大中彥皇子外出打獵時，發現一間疑似草庵的建築物。他喚來當地的長老詢問：「那是什麼？」長老回答道：「是用來囤冰的貯藏室。」面對皇子繼續問道：「要怎麼貯藏？」長老便說：「先挖土一丈（約三公尺）餘深，上方用草覆蓋。內部鋪上厚厚一層茅草與芒草，再將冰塊放置其上，就能度過夏天而不會融解。冰塊會用來在炎熱時期加進水或酒裡。」

於每年5月1日舉行的冰室神社獻冰祭。將鮮花、鯛魚、鯉魚等冰封在冰柱內，供奉在神前。（奈良市觀光協會提供）

額田大中彥皇子將冰塊帶回獻給仁德天皇，使天皇龍心大悅，便開始在每年十二月保存冰塊，到了春分再配給出去。該冰室相傳位於現今天理市，當地亦設有冰室神社。

冰室多設於標高較高的山之北側及日陰處，依據平安時代的《延喜式》記載，大和周邊曾設有二十一間冰室。據傳奈良市的冰室神社是在和銅三年（七一〇）平城京遷都時，於春日野及吉城川上流設置冰室之際將冰室明神恭請至御蓋山麓。其後幾經搬遷，終於在貞觀二年（八六〇）座落於現在的場所。這裡每年五月一日都會舉辦「獻冰祭」，祈求製冰相關產業的繁榮興盛。

## 畝傍山麓曾進行規模壯大、擴及村落及神社的天皇陵遷移事業！

大和三山之一的畝傍山麓上建有神武天皇陵、綏靖天皇陵、安寧天皇陵以及懿德天皇陵等四座天皇陵，且祭祀神武天皇的橿原神宮也坐鎮在此。其中，橿原神宮佔有四十九萬二千平方公尺的廣大神域，坐擁一片遼闊的古代天皇神苑。這些地方都是從江戶時代末期到明治時代期間，以被指定的天皇陵為中心半強迫地進行整頓與擴張而成。這項工程不但波及以前位於畝傍山麓的村落，就連自古以來受人供奉的神社也受牽連，上演了一場遷移騷動。

事情始於幕末，在幕府權威一片低迷中，尊王攘夷運動的風潮水漲船高，愈來愈多人提倡公武合體。當時認為，由幕府針對古代天皇陵墓所在地進行個別調查並實施整頓，才能推動公武合體政策。

既然如此，當然就得先確立相傳為初代天皇的神武天皇陵。雖然在現代神武天皇被視為傳說中的人物，當時普遍都深信確有其人。

祭祀初代天皇神武天皇的橿原神宮之拜殿及畝傍山。畝傍山山麓經過整頓，成為神武天皇的陵園。

位於畝傍山東北方的小山丘「丸山」及一處名叫「MISANZAI」的場所，被列為神武天皇陵的候補地點。「MISANZAI」是由「みささぎ（misasagi，御陵）」轉訛而來，而當地也保留著據說是由「神武田」轉訛而來的地名「JIBUDEN」。

經過一番爭論，最後決定以「MISANZAI」作為神武天皇陵地點。不過關於此地目前較為有力的說法認為這裡應為創建於九世紀、後來遭到廢寺的國源寺基壇。

那麼，為何不選「丸山」而選定「MISANZAI」？這是因為當時「丸山」附近存在村落，在政局混亂的當下實在無暇為了整頓陵墓而遷村，僅因為這種理由就決定了地點。神武天皇陵於是首先落成。

## 神社不得位於俯瞰天皇陵的位置

到了明治時代，在據傳是神武天皇即位之地橿原宮跡上興建了橿原神宮；於明治三十年（一八九七）開始計畫將這一帶整頓並擴張為神苑。但這時卻衍生出一大問題，那就是畝傍山上竟有村落位能俯視到神苑來訪的勅使及參拜者。於是在大正時代隨著第一次擴張計畫的實施，政府收購了周邊的土地，將全村約二百二十戶的人家整個遷走。

後來進入昭和時代，為紀念昭和十五年（一九四〇）將迎來紀元二六〇〇年[88]，展開了第二次神苑擴張事業，又遷移了約二百四十戶民家。

這時，畝傍山頂正好坐鎮著畝火山口神社。這裡原先雖位於畝傍山麓西側山尾，卻在中世時被遷往山頂。然而當橿原神宮進行整頓擴張之際，這下會居高俯瞰神武天皇陵及神宮的這間神社因而又移建到現今畝傍山西麓。

畝火山口神社會舉行叫做「御峯山 Densoso」的夏季大祭。據說這是因為神社仍位於山頂時，可以聽到從山上傳來「Densoso、Densoso」的太鼓聲而得名。此外從以前就傳聞只要在祭典這天讓因夏季暑氣變得消瘦的小孩穿上含棉的和服參拜便能恢復。

# 奈良的風土民情孕育出的三句諺語

日本人耳熟能詳的俗諺當中有三句是源自奈良，那就是「後半場祭典（後の祭り）」、「早起的人賺得三文（早起きは三文の得）」及「原來的木阿彌（元の木阿弥）」。

首先「後半場祭典」有「為時已晚」、「時機已過」之意。據說是源自形容明明祭典的前半場華麗又熱鬧，到了後半場卻沒什麼精彩的節目，就算去參觀也沒什麼意思。一般認為這句話中的祭典是指京都的祇園祭，但也有人認為是指奈良春日大社的祭典。作為春日大社攝社的若宮神社每年十二月都會舉辦「春日若宮御祭」，從十二月十五日的大宿所祭開始，接著是十六日的宵宮祭，十七日則是遷幸之儀、曉祭、御渡式、御旅所祭等，連日舉辦各種活動。然而到了十八日雖有舉辦獻納相撲及後宴能的活動，卻缺少了些精彩亮點，因此被認為是這句俗諺的起源。

而「早起的人賺得三文」這句話，據說與在奈良被視為神使受到重視的鹿有關。某天早晨，有隻鹿倒下並死在某戶人家門前，結果那戶人家的男主人就這麼被罰了三文錢。因此，為避免不慎重蹈覆轍又被罰錢，他便養成了早起確認有無鹿倒在家門口的習慣並逐漸傳開。如果萬一真的有死鹿，只要偷偷地將屍體搬到隔壁人家門前就好了。但這樣一來隔壁人家當然也會擔心死鹿被搬到自家門前，於是更加早起，若發現死鹿再偷偷搬到隔壁。結果到最後，最晚起的那戶人家只好摸摸鼻子被罰「三文錢」……

基於上述由來，這句俗諺的原意並非「賺得三文錢」，而是「避免損失三文錢」。

至於「原來的木阿彌」這句話，是指狀況一度好轉，最後又恢復原樣之意。其由來諸說紛紜，最為人所知的說法是源自有關大和郡山的城主筒井順昭之死的軼事。由於繼承人順慶還年幼，筒井順昭在留下要隱瞞自己死訊的遺言後不久便病死了。於是這時被選為替身的就是與筒井順昭的外貌及聲音相似的盲人木阿彌。他三年來一直扮演著城主，直到筒井順慶元服後，圓滿達成任務的木阿彌才恢復原來的身分。

這些俗諺皆發祥於奈良且蘊義深遠，或許正因為奈良的歷史悠久，才會誕生出許多直指人類本質的格言吧！

# 奈良公園的鹿群是如何計算的？

一提到奈良，相信有不少人會先想起奈良公園的鹿，比方說「記得以前畢業旅行時曾餵鹿吃過鹿仙貝」。

奈良公園之所以有很多鹿，是因為相傳春日大社所供奉的祭神武甕槌命乃是騎著白鹿從鹿島而來的緣故。因此自古以來，鹿被視為神聖的動物而受到重視，凡殺害或傷害鹿者必受重罰。

到了現代，鹿也被認定為日本的天然紀念物受到妥善保護，其中一項工作就是數量調查。然而，即便是奈良公園裡頭的鹿基本上都還是野生，究竟該如何計算這些在廣大腹地內自由移動的鹿群數量？

進行數量調查的單位是「一般財團法人　奈良鹿愛護會」以及與該會相關的「鹿Supporters Club」。先將調查人員分為每三～四人為一班，共分成十二～十五班。接著在奈良公園的西側與興福寺．猿澤池附近排成一列，一邊用肉眼及望遠鏡計算鹿群數量一邊前進。為避免隊列分散會將集合線分成兩處，等各班都到齊後再繼續前進。行進途中還會以無線電聯絡來掌握情況。

就這樣，以上述方式一邊計算鹿群數量一邊前進，直到抵達奈良公園東側的若草山為止。

鹿群數量調查是在每年的七月十五、十六日一連兩天實施。除了藉由兩次計算能夠得到更精確的數字外，另外也有其他原因。

由於奈良公園附近一帶草木相當旺盛，有時會冷不防地有野狗等動物出現。這麼一來，敏感且矯捷的鹿就會一同逃走，只得重新開始計算。因此才會安排兩天日程。

在調查的時候也會分開計算公鹿與母鹿的數量。或許人們以為只有公鹿頭上才會長角，母鹿則無角，所以計算起來應該很簡單，實際上卻並非如此。由於一歲大的公鹿只會長出很小的角，就連對鹿很熟悉的愛護會成員也很難分辨雌雄。

鹿的愛護會的成立算是當地特有的情況，而奈良公園的鹿群就是在這群人一點一滴的努力下受到悉心的保護。根據平成二十五年七月十五、十六日的公園內調查結果，計有公鹿二百一十頭、母鹿七百三十六頭、小鹿一百四十八頭，總共一千零九十四頭。若再加上鹿苑內保護的二百九十九頭，總計數量為一千三百九十三頭。

# 第四章

# 古老地名的緣由

## 「飛鳥」與「明日香」，究竟誰才是正確的？

「アスカ（Asuka）」是日本歷史上相當知名的地名，現在的地址則記為高市郡明日香（Asuka）村。然而我們在歷史學到的「飛鳥（Asuka）時代」其漢字寫作「飛鳥」，近鐵吉野線的站名也是「飛鳥」。究竟哪個才是正確的？

要解答這個問題，首先得先了解「明日香」與「飛鳥」的由來。

高市郡明日香村附近一帶原本就叫做「アスカ」。關於「アスカ」的語源，有一說認為由於當地屬於飛鳥川的沙洲地帶，因此以「ア（接頭語）」與「スカ（洲處＝由河川、海水等沖積而成的沙地）」組合成地名。另一方面，也有人認為是從朝鮮語中意指安住之地的「安宿（アンスク）」轉訛而來。

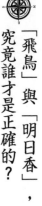

因為當時的渡來人如同候鳥（飛鳥）般輾轉遷徙，最後終於找到安住之地，因此取名「アスカ（安宿）」。這裡的「アンスク」（アスカ）可以代入漢字如「安宿」、「明日香」、「阿須賀」、「飛鳥」等。

此外，《萬葉集》收錄有一首歌：「遠離明日香故里　君之所在不復見89（一一七十八）」這裡原文以「飛鳥」作為明日香的枕詞[90]，漸漸地才將「飛鳥」唸作「アスカ」。這是由於當地有眾多鳥類棲息在此的緣故。也可能是隨著七一三年頒布了地名及年號一律使用兩個字表示的「好字二字令[91]」，於是將枕詞「飛鳥」充當為地名。

這樣看來，「飛鳥」及「明日香」兩者都沒錯。

現在的明日香村是昭和三十一年（一九五六）由舊高市村、舊飛鳥村及舊阪合村三村合併而成，因此以前的確也存在過飛鳥村，如今作為明日香村的大字亦仍保有飛鳥這個地名。根據熟悉當時情況者的說法，據說為了讓這三個村能夠順利合併，甚至還採納萬葉學者犬養孝的提議。

「スガ」是指「清新舒暢（スガスガシイ）」的場所。因此在「スガ」前加上表美稱的「ア」就變成「アスカ」，代表相當美好的地方。無論如何，「アスカ」＝「美好的地方」是錯不了的。

## 日本神話的舞台「高天原」相傳位在葛城？

「高天原」被認為是日本神話中眾神的世界，也是天照大神所統率之地。國土創建及天之岩戶等神話皆以高天原為舞台，而且據說其所在地就在奈良縣葛城。這裡位於御所市金剛山麓的高地上有個名叫高天的聚落，傳承之地上則座落著高天彥神社。

但說起這個地方是否自古以來就屬於天皇家，卻並非如此。葛城為四世紀後半到五世紀期間，勢力大到足以與天皇（大王）家爭奪霸權的葛城氏發祥地；既然如此，為何一介豪族的發祥地後來會與眾神所居住的聖地有所關聯？

直到五世紀末被雄略天皇滅亡為止，葛城氏作為天皇家的外戚一直擁有極大的權力。歷史學家鳥越憲三郎甚至提倡「葛城王朝說」，認為早在大和政權初期的三輪政權之前，存在著葛城氏所建立的葛城王朝。事實上，葛城地區的確也發現了不少推測是由葛城氏所留下的遺跡。

然而在雄略天皇消滅葛城氏後，大和政權不但將葛城氏統治的土地及人民全部收歸於天皇，連同葛城氏所供奉的神及其神話也一併接收消化。據傳原本葛城氏傳承的高天原神話因此變成大和政權所有，高天之名也就原封不動地流傳下來。

## 日本最古老的地名「忍坂」竟演變成統治機構的名稱？

櫻井市的「忍坂（忍阪）」是現存紀錄中最古老的地名。

其根據就來自和歌山縣橋本市隅田八幡宮的國寶「人物畫像鏡」。從這面鏡子上所刻的金文中可以看到「意柴沙加（Oshisaka）」四個字，指的就是「忍坂（Oshisaka）」。同時鏡上刻有的「癸未年八月」被認定為西元四四三年，由此可知這面鏡子的製作時間遠早於《古事記》（七一二年編成）及《日本書紀》（七二〇年編成），因而得證忍坂是以文字記載來說最古老的地名。

忍坂有一條長長的坡道，而原先「忍坂」便是對這條坡道的稱呼，直到後來才連帶成為附近區域的地名。

日後，忍坂地區建起了允恭天皇的皇后忍坂大中姬的宮殿，在皇后宮殿任職的官員被稱為「忍坂部（Osakabe）」，隨後「Osakabe」的漢字被改為「刑部」。據說這也是日後令制八省[92]之一「刑部省」的語源，為負責掌管律令時代的司法、執行審判的機關。

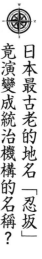

## 位於紀伊山地的觀光地「前鬼」曾是侍奉役行者的鬼神後裔經營宿坊之地!?

在平成十六年（二〇〇四）登錄為世界遺產的「紀伊山地靈場和參拜道」，有一處位於吉野郡下北山村大峯奧駈道中間地帶的觀光地具有十分罕見的地名，叫做「前鬼」，據說其由來與鬼有關。

約一千三百多年前，修驗道始祖役行者（役小角）令一對棲息在生駒山的鬼夫婦洗心革面並收為隨從。丈夫名為「前鬼」，而妻子則為「後鬼」。而後役行者對著這對鬼夫婦說：「你們已經累積了相當的修行，不再是鬼了。」並賜名前鬼「義覺（或作義學）」，後鬼「義賢（或作義玄）」。夫婦倆生下了五個孩子，後來全都成為役行者的弟子。

將義覺夫婦的五個孩子收為弟子並跟隨左右的役行者，有一天對著他們說道：「你們下山去建立五間宿坊[93]，好好地侍奉造訪此地的山伏吧。」於是五人遵照役行者的命令，在父母所居住的地方（前鬼）經營宿坊，持續守護這塊修驗道的聖地。

義覺夫婦的五個孩子分別是義達、義繼、義上、義元與真義，各自建立了「五鬼助」家、「五鬼繼」家、「五鬼上」家、「五鬼童」家、「五鬼熊」家，並經營「小仲坊」、

「森本坊」、「中之坊」、「不動坊」以及「行者坊」。

這些宿坊透過子孫代代相傳，據說直到明治中期依然可見後代子孫經營。然而，隨著明治元年（一八六八）頒布的神佛分離令以及明治五年（一八七二）的修驗禁止令等時代變遷，這些宿坊自明治末期起陸續消失，現在只剩下第六十一代五鬼助義之所經營的小仲坊，繼續守護延續了一千三百多年的薪火。

## 為何「吉野川」一進入和歌山縣便改稱「紀之川」？

吉野川為全長達一百三十六公里的一級河川，流經奈良縣南部紀伊山地的北斜面，注入紀伊水道。奈良時代南海道便是順著這條河流延伸，在江戶時代則作為參勤交代[94]的路徑備受重視，沿岸也發展出五條等宿場，相當繁榮。

然而吉野川一旦進入和歌山縣後，就會改名為「紀之川」。

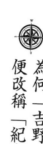

這條河川之所以會有兩種叫法，是因為雖然「吉野川」這個名稱早已深植於奈良縣許久，但對於下游的和歌山縣來說，則會以取自紀之國的名稱「紀之川」來稱呼。

那麼，「吉野川」與「紀之川」究竟哪個才正確？若是以官公廳登錄的名稱為準，「紀之川」才是正式名稱。儘管流經奈良縣、被稱作吉野川的部分長約八十公里，占了整條河的一半以上，卻也不過是通稱罷了。根據河川法規定，河川名稱只標示主流，基本上從源流到河口為止的水系名稱必須統一。通常一條河川如果擁有複數個名稱，大多會以下流流域的名稱作為正式名稱。不過這只是就一般而言，實際上的情況還是得由河川審議會決定。

昭和四十年（一九六五），當這條河川被認定為一級水系時，就已確立了統一名稱為「紀之川水系紀之川」。

也有人認為之所以「紀之川」會成為正式名稱，是因為江戶時代紀伊國乃是由德川御三家之一的紀州德川家所統治，因此有鑑於德川家的威望，水利權才會歸於紀伊方面。但事實並非如此。

原因無關權力，而是和歌山縣的流域人口與利水量遠大於奈良縣；另一方面，屢遭洪水侵襲的和歌山縣數百年來一直投注心力於治水政策也是不爭的事實。考慮到上述的歷史因素，因此才採用了和歌山縣的稱呼方式。

接下來，我們大幅換個角度來看。橫斷四國的中軸河川名叫「吉野川」，而奈良縣也有「吉野川」。很顯然將兩條大河川取相同的名稱是不太可能的事，既然如此又為何會發生上述現象？

其實，奈良縣的吉野川與四國的吉野川竟然在地底深處形成了一條名叫「古吉野川」河流，現在則稱作中央構造線，即是從紀伊半島橫越四國中央、一直到大分縣的大地溝帶。

## 意指京城邊緣的「京終」可能其實並非邊界!?

奈良市以南有四個「京終」，分別是北京終町、南京終町、京終地方西側町以及京終地方東側町。京終的日文讀音唸作「Kyobate」，意指「京城終結」之處。

不過這裡的「京」並非京都，而是平城京。其地名由來與京都意指都城平安京邊緣的地名「京極」相同，「終」並非指事物的終結，而是表示「邊緣」。保留了京終地名的附近一帶則如字面所述，相當於平城京的東南端。

然而，在平成十七年（二〇〇五）的考古調查中有了新發現。在過去被認為是平城京範圍之外的左京九條南側地方，發現了十條大路南側溝及北側溝；而在繼續調查十條大路南側之後也並沒有找到十一條以南的條坊。

由此可知，平城京的條坊並非南北九條，而是多了一條變十條。這樣的話，現在的京終嚴格說來並非當時「平城京的邊緣」。

不過，平城京的條坊只有在興建之初的短暫期間為南北十條，至少在奈良時代中葉以前十條便遭到廢除。換句話說，奈良時代中葉以後的京域範圍只到九條為止，因此現在的京終如同其名的確是平城京東南方的盡頭，一點也不假。

## 奈良縣十津川村與北海道新十津川町有何密切的關係？

奈良縣吉野郡十津川村位於奈良縣的最南端，是日本面積最寬廣的村子。而北海道另有一處地名與這裡非常相似，名為新十津川村（現為新十津川町）。這般少見地名的雷同，兩者之間是否有何密切關係呢？

其實在明治二十二年（一八八九），曾有六百戶、共計二千四百八十九名村民為開闢新村從奈良縣十津川鄉遷居到北海道石狩河畔。當時遷居的人們將新的村落以十津川的名稱前加個「新」字，命名為新十津川村，蘊含「新的故鄉」之意。

這群村民之所以會遠從十津川村遷居到一千二百公里外的北海道，在於當年襲擊十津川的一場大水災。由於豪雨使得村子為土石流所侵襲而遭受毀滅性損壞，計有四百二十六戶的房屋被沖走及全毀，遭淹沒及流失的耕地多達二百二十六公頃（約全村總耕地的三分之二）。近三千位村民流離失所，可以預期復興之路將會十分艱難。

這時明治政府對於災情慘重的十津川村提出的救濟方案便是遷居至北海道。由於當時為了樺太（今庫頁島）的經營與應對俄羅斯的南下政策，政府急於開拓石狩平原。在村民的心願與政府意圖一致之下，二千六百多位村民便下定決心，自明治二十二年至二十三年遷往北海道。

在不熟悉且極端寒冷的土地開墾可說是難上加難，不過進入明治三十年代後，新十津川不但正式開始栽種稻米，人口也有飛躍性的成長。

另一方面，選擇留在十津川村的村民們則致力於復興村落，於明治二十三年（一八九〇）二月將六個村落合併，誕生了新的十津川村，順利達成復興。這之後分隔兩地的十津川村至今仍締結為「母子村」，積極進行交流，保持深厚的羈絆。

平成二十二年（二〇一〇），十津川村又再度爆發大水災，受到嚴重損害。當時，北海道新十津川村的村民們率先趕去救援的情景仍然令人記憶猶新。

## 箸墓古墳的「箸」並不是指餐具的「箸」!?

櫻井市大字箸中的纏向遺跡不僅是邪馬台國所在地最有力的候補地點，也被視為大和政權發祥地，而巨大的前方後圓墳箸墓古墳（倭迹迹日百襲姬命大市墓）就位在這裡。

關於這座「箸墓」古墳的名稱由來，在《日本書紀》崇神紀中記載如下：

崇神天皇的叔母倭迹迹日百襲姬命生性聰明，具有預知事物的能力。有一次，她察覺到有家臣打算起兵造反，因而向天皇提出建議，化解危機。後來，倭迹迹日百襲姬命嫁給坐鎮三輪山的大物主神為妻。

然而，大物主神只有在夜晚時才會前往倭迹迹日百襲姬命身邊。無論如何都想見自己丈夫一面的公主於是向大物主神懇求現身。在不得已之下，大物主神只好請公主就算看見自己進入化妝箱的模樣也千萬不要害怕，並以小蛇的姿態出現。然而公主看到後嚇得尖叫，大物神主一氣之下便回到三輪山去。感到相當後悔的倭迹迹日百襲姬命在抬頭望著天空坐下之際，因為一枝筷子正好插入陰部而喪命。不久，眾人與神祇便在大市興建墳墓，並根據此事將其墳墓稱作「箸墓」。

但是《日本書紀》中所記載的只不過是傳說，這座墳墓原本被稱作「端墓（Haji-haka）」。據說是因為「端之墓（Haji-no-haka）」在不知不覺間被訛傳為「Hashi-haka」，因此才被與上述傳說做了聯想。

也有說法認為「箸墓（Hashi-haka）」意味著「ハジ（Haji）之墓」。「ハジ」是指古代的氏族土師氏，從事埴輪製作與興建陵墓的工作，擁有相當出色的土木技術，此外亦接觸天皇的送葬儀禮。該氏族的居住地之一就位於現今箸中（Hashi-naka）周邊，於是土師氏的墳墓「ハジ之墓」才會被傳為ハシ墓（Hashi-haka）。

無論如何，我們可以認為是先有「Hashi-haka」的稱呼，才有了之後箸墓相關的故事。

## 「雷丘」地名由來是源自捕捉雷電的男人？

位於明日香村的「雷丘」，其地名由來有兩種傳說。

其中一種是出自《日本書紀》。根據記載，雄略天皇想一睹三輪山神的風采，便下令家臣小子部栖輕將他帶來。小子部栖輕於是在天皇面前獻上在三輪山捕獲的大蛇；這條大蛇發出打雷般的聲響，目光炯炯地威嚇天皇，令天皇大感惶恐，下令將大蛇放生在山丘上。結果，這座放生大蛇的山丘就被稱作「雷丘」。

另一個傳說則記載於《日本靈異記》，而主角同樣是小子部栖輕。由於受雄略天皇之命捕捉雷電，小子部栖輕因此乘於馬上在雷雨交加中拔劍，對著雷神大喊道：「天皇有請雷神！」結果，一道閃電便落在豐浦寺及飯岡之間，該地因此被稱作「雷丘」。

不論是奉命捕捉雷神或是三輪山神所化身的大蛇，傳說中的小子部栖輕都展現了超乎常人的活躍表現。然而實際上也有人認為說不定實際上真的存在栖輕這號人物。

在雷丘的西斜面出土了為數眾多的圓筒埴輪片，被認為是與雄略天皇同時期的五世紀後半之物品。由此可推測此地以前曾建有古墳，而且與《日本靈異記》中「捕獲雷神的家臣於數年後逝世，被葬在雷丘」的記述一致，一般推測這可能是小子部栖輕的墳墓。

此外，書中亦記載天皇曾在此立下寫著「捕雷栖輕之墓」的墓碑，也被認為或許是雷丘這個地名的起源。

## 作為連結奈良與難波的交通要衝 而曾繁盛一時的「暗峠」

「暗峠」是連結奈良與大阪的國道三〇八號「暗越奈良街道」的最高處（標高

四百五十五公尺），位在從生駒山頂南下的鞍部。道路上仍留有郡山藩所鋪設的石板，由於別具風情，亦獲選為「日本道路百選」。

「暗峠」如同字面上是指樹木蒼鬱茂盛，連白天也相當昏暗的穿山道。不過據說「暗峠（Kuragari-touge）」這個地名原是轉訛自「借鞍（Kura-gari）」、「換鞍（Kura-gae）」或「椋根（Kura-ga-ne）」而來，曾幾何時就改成用「暗」這個漢字[95]。但由於說法眾多，這也只是其中一種而已。

另外，「暗峠」聽起來總給人一種寂寥的印象，但其實距今約一千三百年前的奈良時代曾設置一條通過暗峠的通道，作為從奈良都城前往難波津的最短路徑備受重視。

在奈良時代，遣唐使一行人先越過暗峠前往難波津，再出發前往唐朝。據說從唐朝來日的鑑真，也是通過暗峠進入平城京。

到了江戶時代，前往伊勢神宮參拜的人們也會通過暗峠。江戶時代的國學者本居宣長在《古事記傳》中也有與暗峠相關的記述，寫著「暗峠乃（奈良到難波的）捷徑，故名『直越』」，由此可知暗峠相當知名。此地有眾多旅人與貨物往來，在江戶後期建有將近二十間的茶屋及旅宿。與其名稱給人的印象截然不同，「暗峠」其實曾是繁盛一時的交通要衝。

## 為何香具山被冠上「天」的稱號？

天香具山、畝傍山、耳成山被稱為大和三山，是從飛鳥時代起就為人所熟知的山脈，其中標高一百五十二公尺的香具山特別受到重視，被冠上「天」的稱號。

舉例來說，《萬葉集》中收錄了持統天皇的和歌如下：

不覺春已過，薰風裊裊漫步還，翠籠香具山。往歲白衣一片片，今年又誰曬衣衫？96（一－二十八）

此外，香具山也是有名的望國山，舒明天皇也曾留下一首和歌，描述放眼飛鳥從香具山上飛過，讚頌國土之美與繁榮。

那麼，為何香具山特別受到重視呢？

根據《伊予國風土記》節錄，相傳天界原本就有一座香具山，當這座山降臨地上之際便一分為二，一座降臨於大和成為「天加具山」，另一座降臨在伊予國，名為「天山」。也就是說，香具山是從天而降、歷史悠久且神聖的山，為通往高天原的聖地，因此大和的香具山才被稱作天香具山，地位也比其他山脈崇高許多。

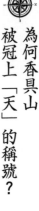

## 三輪山周邊為何處處可見出雲的地名？

諸如出雲鄉、出雲屋敷……等，乍看之下會讓人聯想到出雲大社所在的島根縣出雲，但其實這些地名都出自奈良縣櫻井市三輪山周邊。奇妙的是，仔細觀察該地區的地名，就會發現有許多地名與出雲系統的神祇、神社及地名有關。

而《日本書紀》中則記載著以下傳說：

據說垂仁天皇時代，有個名叫當麻蹶速的大力士到處吹噓，說：「哪裡有比我強的強者？如果有，就出面與我一戰吧。」於是「出雲」國的野見宿禰被喚至此地，與當麻蹶速一決勝負。

果然一提起「出雲」，多半都會先想到出雲大社的所在地，但卻有說法提出，包括前述的傳說以及日本神話中的出雲在內，指的並不是島根縣的出雲，而是三輪山周邊。三輪山麓上住著有權有勢的出雲系氏族，並形成出雲文化，但終究為大和政權所征服。

相傳大和出雲族的建國之神乃是大已貴神（大國主神），而正如大和政權的征服傳說與讓國神話相結合一般，大和政權其實吸收了出雲的文化，因此三輪山麓上才會存在許多與出雲相關的地名及神社。

## 宿命般的地形造就出的枕詞「泊瀨隱山中」

位於櫻井市東部，座落著以牡丹聞名的長谷寺的初瀨川溪谷附近，被稱作「泊瀨（Hatsuse）」。其語源據說來自溯大河川而上時，最後停留（泊）的地方（瀨）。

根據《長谷寺緣起》記載，應神天皇時代，位於初瀨川溪谷上流的毘沙門天寶塔因豪雨被沖走，最後卡在長古寺參道附近的巨石而停下，因此將該地稱作「泊瀨（日文有「tomase」、「hatsuse」、「hase」等多種讀法）」之里。

泊瀨的漢字除了可寫作「泊瀨」、「初瀨」，亦有寫作「長谷」。據說這是因為泊瀨為東西狹長、形狀特殊的山谷，故將「長谷＝長形河谷的泊瀨」唸作「Hatsuse」。然而到了平安時代，又將「hatsuse」略稱為「hase」，延續至今。

而古典當中亦有出現泊瀨這個地名。比方說《萬葉集》中有這麼一首：

泊瀨隱山中　石險路難行　為見妻一面　路險又何妨[97]（十三—三三一一）

原文的意思是，妻子家在泊瀨小國，儘管路況險惡，沿路都是石塊，我依然會前往那裡（泊瀨）。

當時的「國」與現在不同，並不是指廣大的地域，而是相當於「某一地區」。然而儘管路況險惡作者仍奮不顧身前往，由此可感受到其中對妻子的愛情之深。這裡值得注目的是泊瀨的枕詞「こもりく」。寫作平假名可能很難想像，但漢字可寫作「隱國」。這個枕詞充分表現出泊瀨位於大和川深處呈溪谷狀的地形。

然而，大和川這條清流也會不時氾濫，發生過多次慘重的水災。尤其以文化八年（一八一一）災情更是慘重，造成一百數十名死亡，二十幾間家屋被沖毀，此外據說前往長谷寺的參拜者中也出現不少名犧牲者。此即世稱「初瀨水災」的大洪水，也是形成了溪谷湍急水流的長谷地理環境所帶來的宿命。不過，如今作為治水對策，已在長谷寺的上流建起了初瀨水壩。

## 成為井上町地名的由來
## 發生在奈良時代某位皇后身上的悲劇到底是？

奈良市井上町——。雖然「井上」這個地名並不算稀奇，不過井上町的「井上」可是由來自奈良時代末期的一位皇后。她就是聖武天皇之女，日後成為光仁天皇皇后的井上內親王。

井上內親王以齋內親王身分侍奉伊勢神宮之後，成為白壁王（日後的光仁天皇）之妻，生下了他戶親王，並於寶龜元年（七七〇）白壁王即位登基時成為皇后。井上內親王的地位自然無須多說，從出身背景來看也足夠保證其子他戶親王穩坐下一任天皇寶座，母子倆人的將來看似一切安泰。

然而，卻有一股反對勢力不滿讓他戶親王即位，即藤原百川及藤原永手等人。他們企圖讓生母地位不高，資質卻相當優秀的光仁天皇皇子山部親王（日後的恒武天皇）登基。於是在寶龜三年（七七二）傳出井上內親王詛咒光仁天皇，企圖叛變的事件。很快地井上內親王被廢除皇后寶座，但悲劇卻不僅如此。光仁天皇的同母姊姊難波內親王的去世也被當成是井上內親王的陰謀，內親王因此與他戶親王一起被幽禁在大和國宇智郡。奇妙的是，根據紀錄，母子兩人在此事過了約一年半後雙雙在同一天死去。

結果接著不僅山部親王身體狀況變差，甚至連光仁天皇自身也病倒了，全國各地還陸續發生災害。山部親王認為這些異變都是井上內親王的怨靈作祟，開始致力於挽回其名譽。

而負責祭祀動盪整個朝廷的井上內親王與他戶親王的，是位於奈良町的御靈神社。日本自古以來，一直都有相信例如因不得志而死的皇親貴族會變成御靈作祟，在皇都引發疾病的「御靈信仰」。現在位於藥師堂町的御靈神社，以前原是位在井上町，於室町時代才遷至現在的地點。井上町的名稱正是當時御靈信仰所留下的痕跡。

## 高取的城下町
## 為何會留下土佐相關地名？

高取城的城下町沿著土佐街道延伸，在江戶時代相當發達，町名從北而下依序是勸覺寺、下土佐、上土佐以及下子嶋。昔日高取城被稱為「芙蓉城」，甚有歌如此詠歎道：「向巽欲觀高取雪，近看才知雪非雪，原是眼前土佐城[98]」。在高取町的觀光導覽中，就有介紹土佐街道散步路線（約三公里），可在此一探自江戶時代城下町留下的古樸氣息。

這樣乍看之下還以為是在介紹高知縣（舊名土佐國），但高取其實是位於奈良縣。令人在意的是，明明是奈良縣內的町，為何街道名稱及町名會使用「土佐」二字？難道是土佐藩山內家的分家曾被轉封至此地嗎？

當然這樣的歷史並不存在，也沒有許多土佐藩士曾居住在此的相關紀錄。高取町與土佐的關係可追溯到更早以前的六世紀初。當時朝廷為了興建都城對民眾課以勞役，其中也包括來自遙遠土佐國的人們。他們遵照朝廷命令付出勞力，為都城建造貢獻良多。

然而當勞役結束準備返回故鄉之際，這些人無法籌出回到遠方故鄉的旅費。朝廷先是強制將他們從土佐帶到大和，卻在都城興建完畢後對於返鄉完全沒有給予任何資金援助。據說因此回不了故鄉而留在大和的土佐人為了懷念故里，因而在地名中留下「土佐」二字。

# 第五章
# 知曉古都奈良「現況」的迷宮地圖

## 其實近鐵奈良站前的行基像在縣內共有三尊！

近鐵奈良站前廣場是知名的會面場所，在廣場的正中央立有一座和尚的雕像。此景與古寺名剎眾多的奈良相當符合，不過這名和尚究竟是何許人也？

這尊雕像的視線看似朝著微妙的方向，其實視線的前方是東大寺。這位僧侶正是興建東大寺的有功者，也是教科書中必會出現的行基菩薩。

提到行基這號人物，在僧侶受到僧尼令[99]的箝制禁止向民眾布教的當時，他親自組成教團，為救濟民眾而進行布教活動。此外他也為人民興建眾多寺院，同時致力於推行社會事業。不但開墾土地、闢作水田，還挖掘灌溉用的水池，並為了無依無靠的人興建福祉設施等，全心投入救助世人。因行基進行的各項活動得到救濟的民眾，因此心懷感謝地稱他為「行基菩薩」。

就連當初向行基施壓的朝廷，也認可他在大佛造立時提供協助的功績，由聖武天皇任命他擔任大僧正（位居官僧之首）一職。

說起戶外的行基像，以近鐵奈良站的最為知名，甚至被稱作「行基廣場」。但卻很少人知道奈良縣內其實擁有三尊行基像。

其餘兩尊行基像均為陶製（赤膚燒），分別被安置在和行基有淵源的靈山寺（奈良市中町）及九品寺（御所市楢原），與奈良站前的行基像一樣均面向東大寺的所在位置。這三座寺院均為聖武天皇的勅願寺，跟行基有很深的緣分。

近鐵奈良站前的行基像。現在只有台座沿用當初的赤膚燒製。從江戶時代起，赤膚燒就被列為小堀遠州七窯之一，相當具有傳統價值。

三尊行基像是於昭和四十五年（一九七〇）為了稱頌行基的功績而建。奈良站前的行基像原本也是赤膚燒製，卻遭到有心人破壞，之後在平成七年（一九九五）以青銅像復原。直至今日，行基菩薩像仍然以慈悲的眼神守護世人。

# 為何JR奈良站與近鐵奈良站的位置會相隔一段距離？

我們往往認為即使鐵路公司不同，只要站名相同就能就近轉乘，不過JR奈良站與近鐵奈良站可就不同，想轉乘還得先走上十幾分鐘，相當不便。

到底為何會演變成這般不便的情況？

為了探索其中緣由，得先回溯到大正時代。

JR奈良站與近鐵奈良站中最先建成的是JR奈良站。明治二十五年（一八九二），連結大阪湊町與奈良的大阪鐵道正式通車，此即現在的JR大和路線。

過了二十二年後的大正三年（一九一四），大阪電氣軌道開通了大阪上本町・奈良區間（現在的近鐵奈良線）。普通來說，只要將之後新設的車站興建在二十二年前已完工的JR奈良站附近就好，然而問題是事情並不如想像中順利。

## 鋪設極為困難的近鐵

明治末期，開始計畫修築連結大阪與奈良的鐵路並獲准鋪設。有鑑於此一計畫，鐵路公司「奈良軌道株式會社」於明治四十三年（一九一〇）正式成立，並在不久之後更名為大阪電氣軌道。日後公司名稱又改稱關西急行鐵道，於大戰期間變更為近畿日本鐵道。

等到終於迎來實施鐵道建設的階段，原本計畫在JR奈良站附近的三條町二十四番地興建大軌100奈良站，並積極收購建地，卻因附近有瓦斯公司與農事試驗場而遲遲未有進展。結果由於無法確保建設用地，在無可奈何之下只好改在位於當初預定地以北的東向中町興建大軌奈良站。

然而，這次計畫仍然進展不順；由於奈良市會議員的猛烈抗議，認為若在東向中町興建大軌奈良站的話將有損奈良公園的景觀，加上車站建成後說不定會改變人流，導致原本的三條通變得蕭條。

結果，不僅奈良市議會上反對興建大軌奈良站的議員超過半數，在大正二年（一九一三）甚至演變成有人直接向縣知事提出意見：「讓近鐵進入奈良市內將有損奈良公園景觀，違反奈良市公眾利益。」

就在大軌被逼到幾乎快要放棄鋪設鐵路之際，站出來表示支持的就是奈良縣。實際上於大正三年（一九一四）秋季已決定要舉辦大正天皇的即位大典，所以正考慮配合這次典禮拓寬三條通道路的奈良縣於是對准許大軌鋪設的政府提議：「雖然奈良市議會反對這次計畫，但如果能將三條通的道路拓寬的話，我們便允許鋪設鐵路。」

有了奈良縣的意志在背後撐腰，大軌總算獲准進入奈良市內。雖然距離JR奈良站有一段距離，大軌得以在東向中町建造車站，也就是現在的近鐵奈良站。

在度過重重難關後，近鐵（大軌）終於在一九一四年開通，並陸續以驚人的速度發展。首先，相對於迂迴繞過生駒山的JR線，近鐵則開鑿長距離隧道，打造出穿越生駒山的路線，完成了以最短距離連結奈良與大阪上本町的鐵路。由此也使得奈良與大阪之間三〇・八公里的路程往來只須費時五十五分鐘。

三條通在奈良縣巧妙的策略下得以拓寬，成為當地連結兩個奈良站的主要街道，作為商店鱗比櫛次的熱鬧商街而十分繁榮。

## ⁂ 近鐵奈良站的建設

近鐵奈良線
現在的近鐵奈良站。
興福寺
卍
三條通
猿澤池
菊水樓
JR奈良站
近鐵（大軌）當初預定
興建奈良站的用地。
中央圖書館

當初，近鐵的前身大阪電氣軌道原本計畫在 JR 奈良站附近興建車站，卻因用地收購困難而放棄。後來以拓寬三條通為條件才終於獲得許可。

JR 奈良站前。興建於昭和 9 年（1934）的國鐵第 2 代火車站仍然保存至今。（奈良市觀光協會提供）

# 為何國家特別史跡平城宮跡內有電車行駛？

被登錄為世界遺產的史跡內竟有電車行駛……

很難想像這是現實中會發生的事，不過近鐵奈良線的大和西大寺～奈良區段就是這麼浪漫。往南一望就能看到復原後矗立的朱雀門，往北則有以壯麗的大極殿為中心的平城宮遺址出現在眼前。換句話說，近鐵線東西橫貫平城宮遺跡行駛；相信參加過平城遷都一千三百年紀念活動的訪客都還對從朱雀門前往大極殿時曾穿過鐵路平交道感到記憶猶新。

只是，作為古代宮都的宮殿遺址本應受到妥善保存才是。為何會讓電車在史跡內行駛呢？接著就來回顧該遺跡的歷史吧。

延曆十三年（七九四），都城從平城京遷至平安京後，宮殿跡就變成一片田園地帶。據江戶時代林宗甫所著之《大和名所記》及貝原益軒的《大和巡覽記》所記載，在方八町[101]有都城遺址，而周邊居民在某種程度上也能察覺到這裡曾有宮殿存在。

在平城京跡，朱雀門跡與大極殿跡之間有近鐵線通過。（奈良市觀光協會提供）

## 深愛平城宮跡者的心願

促使平城宮跡復甦的，是幕末進行實地測量、繪製《平城宮大內裏跡坪割之圖》的北浦定政。

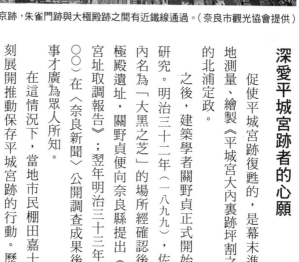

之後，建築學者關野貞正式開始進行研究。明治三十二年（一八九九），佐紀村內名為「大黑之芝」的場所經確認後為大極殿遺址，關野貞便向奈良縣提出《平城宮址取調報告》；翌年明治三十三年（一九〇〇）在〈奈良新聞〉公開調查成果後，此事才廣為眾人所知。

在這情況下，當地市民棚田嘉十郎立刻展開推動保存平城宮跡的行動。歷經千辛萬苦後其作為終於開花結果，於明治四十三年（一九一〇）促成在平城宮大極殿跡舉辦平城遷都一千二百年祭典，以及建碑地鎮祭。

根據紀錄，這項活動除了當時的奈良知事外，光是來賓就有四百人參加，參觀者更高達數萬人。

上述努力總算有了收穫，大正二年（一九一三），在東京成立了奈良大極殿址保存會。另外佐紀村及村內的地主等也會發起捐款，得以逐步確保宮跡內的土地。

就這樣，平城宮跡於大正十一年（一九二二）根據「史跡名勝天然紀念物保存法」被指定為史蹟，昭和二十五年（一九五〇）制定了「文化財保護法」；昭和二十七年（一九五二）則被指定為國家特別史跡。復原完工的朱雀門前立有一尊棚田嘉十郎的雕像，以傳揚其功績。

根據前述歷程，可知在近鐵的前身大阪電氣軌道為了鋪設鐵路收購建設用地的明治三十九年（一九〇六），都還尚未制定與宮跡保存相關的法規。

因此鐵路路線便貫穿了平城宮跡，並於大正三年（一九一四）正式開通。

## 近鐵路線為何呈現和緩的曲線狀

然而，大阪電氣軌道在規劃路線時，正值棚田等人如火如荼推動平城宮跡保存彰顯運動的時期，因而順應時勢變更宮跡內的路線。

當初原本計畫從大和西大寺站筆直東進，但這麼一來就會通過平城宮跡的大極殿跡，於是便大幅轉彎改由朝堂院南方通過，該路線因此呈現一條和緩的曲線，也使得日後被「史蹟名勝天然紀念物保存法」指定為史蹟的大極殿跡、朝堂院以及朝集殿院跡等區劃免於遭到路線阻斷。

之後，平城宮跡先後度過昭和三十六年（一九六一）的西大寺檢車區（近鐵）建設計畫、昭和四十一年（一九六六）將截斷宮跡的奈良外環道（國道二十四號）建設計畫等二次危機，至今一直維持良好的保存狀態。

自明治時代重新發現平城宮跡直至今日，我們必須有所體認這中間超過百年以上的時間都是多虧了眾多先人的努力，這片史跡才得以流傳後世。

## 西瓜至今仍是奈良縣特產？
## 奈良縣全國市占率高達八成以上的產品

各位可知道從江戶時代到戰前，奈良縣一直都是知名的西瓜特產地？

據說西瓜開始在奈良縣廣為栽培是始於慶應三年（一八六七），稻葉村（現天理市）的園藝家巽權次郎從三河國帶回西瓜種籽，並試種成功。

當時的西瓜就被稱作「權次郎西瓜」。

自此，奈良縣的西瓜便歷經多次品種改良，提昇品質。尤以昭和三年（一九二八）誕生的「大和西瓜」更是人氣鼎沸，穩穩坐上奈良縣特產的寶座。

不僅如此，因奈良縣鄰近大阪與京都等大都市圈，蔬菜水果比米更能高價出售，再加上直接連結奈良及大阪的鐵路早在大正時代鋪設完畢，因此大多農家開始栽培獲利更高的西瓜。到了昭和四年（一九二九），奈良縣西瓜的栽種面積已高達一千一百公頃。

這等於當時的奈良盆地一帶幾乎就是一整片的西瓜田，據說收穫期時還會蓋起看守小屋，防止偷採西瓜的小偷出沒。

那麼現在的情況又是如何呢？

一般人或許都會表示「完全沒有『說到西瓜就想到奈良縣』的印象耶……」。的確，現在奈良縣並沒有如同戰前的「大和西瓜」般眾所皆知的品種。作為農產品的西瓜以昭和三〇年代為分界線產量急速減少，栽培地都改種草莓等作物。

不過直到現在，奈良縣依然持續稱霸日本全國的西瓜產業。

原因在於奈良縣擁有壓倒性市占率的「西瓜種籽」。

位於奈良縣磯城郡田原本町法貴寺的株式會社萩原農場，是生產西瓜種籽的頂尖廠商，在日本全國的市占率約為五成。而除了萩原農場外奈良縣也還有多家西瓜種苗廠商，若是全部加起來，擺在全國店面的西瓜種籽約八、九成都屬於奈良縣產。

也就是說，奈良縣的西瓜傳統是由種籽一脈相傳。

# 日本最古老的大型遊樂設施「飛行塔」，至今仍在生駒山上遊樂園照常運作！

主題樂園的遊樂設施逐年進化，有時甚至只要大型遊樂園引進最新遊樂設施，就會被當成新聞盛大報導。

對照之下，日本最古老的大型遊樂設施便是生駒山上遊樂園的大飛行塔，至今仍照常運作中。

大飛行塔是在高三十公尺、直徑二十公尺的塔上吊著四架飛機，讓飛機一邊旋轉，一邊來回上下擺動的設施。由於遊樂園位在標高六百四十二公尺的生駒山頂，因此能夠俯瞰京阪神及奈良的景色，至今依然人氣不減。

這座大飛行塔開始運轉，是在遊樂園開園的昭和四年（一九二九）。

參與大飛行塔的設計及施工的廠商包括土井運動機製作所、大林組、松尾橋樑以及日本電梯等，可說是集結了當時最具代表性的廠商以及技術結晶打造而成的遊樂設施。

戰爭時期，大飛行塔即便懸臂、纜繩與電梯均一時遭到拆卸改作為防空監視所之用，沒想到在過了八十年以上的今天仍然照常運作，的確值得驚嘆。

稱得上是活傳奇的「大飛行塔」所在的生駒山上遊樂園，以日本最早的雙線鋼索線纜車與近鐵生駒站相連，途中位於標高三百公尺處的真言律宗寶山寺，則是以「生駒聖天」而聞名的參拜景點。

昭和初期，大阪電氣軌道（現近畿日本鐵道）除了鋪設鐵路外，同時也積極開發住宅及休閒設施。這背後除了想在通勤通學人潮較少的平日白天及假日增加乘客量之外，奈良的環境自大正時代以來逐漸休閒化也是背景之一。

當時的報章雜誌以「京阪神附凹間的內院」來形容奈良，可見奈良逐漸被定位為神社佛閣林立、位於大都市郊外的休閒場所。除了社寺之外，豐富的遺跡以及彷彿讓人想起《萬葉集》和歌般的美景也讓奈良具有別於鄰近的大阪、京都及神戶的魅力，奠定其人氣基礎。

在此需求下，規模約五十平方公尺的菖蒲池遊樂園於大正十五年（一九二六）正式開園，生駒山上遊樂園亦於昭和四年開始營運。

## JR奈良線雖掛名奈良，卻沒有駛入奈良境內？

JR奈良線的正式區間範圍為何？

一看到這個問題，很多人或許會忍不住回答「這還不簡單？連結京都與奈良的路線就是奈良線嘛。」然而實際上JR奈良線根本沒有抵達奈良站。非但如此，JR奈良線正式的運行區間是從京都站到木津站（京都府木津川市），也就是說這條線甚至沒駛入奈良縣。

只不過要是嚴守這項事實，向旅客介紹路線的時候會造成極大的不便，因此一般都會告知JR奈良線是從京都站到奈良站。

### 以前的JR奈良線曾在奈良境內運行！

儘管JR奈良線堂堂冠上「奈良」的名號，為何卻沒有行經奈良縣內？其背景與明治時代頻繁發生鐵路公司合併的歷史有關。

## ⁂ JR奈良線的誕生

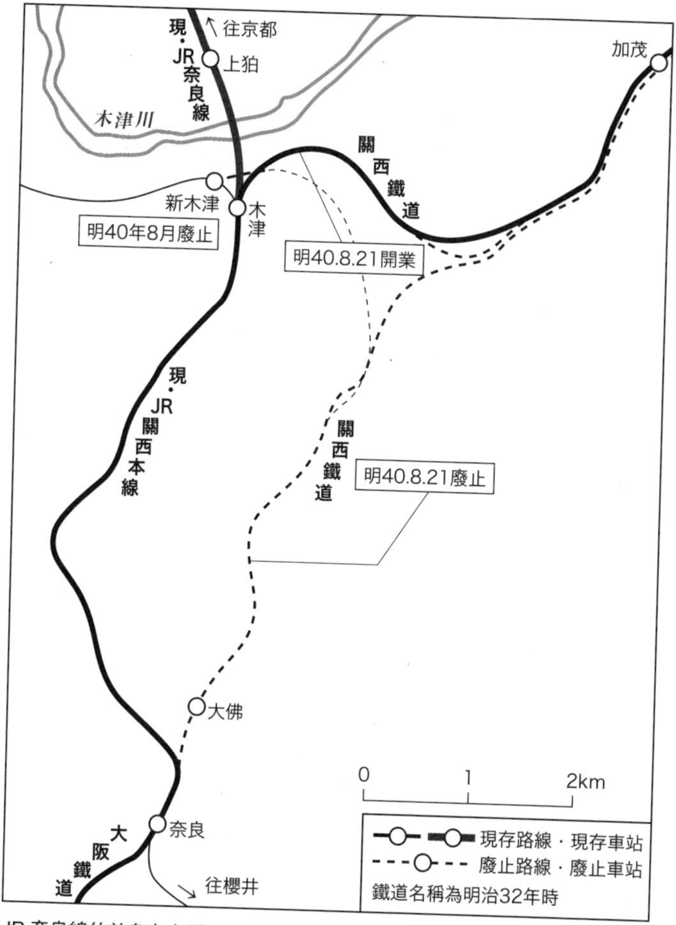


JR奈良線的前身奈良鐵道在當初原本通往櫻井站，卻在明治38年（1905）被併入關西鐵道。在建設了名古屋到木津的路線之後，經由木津通往奈良連接大阪的路線變成了關西鐵道的本線。舊奈良鐵道因此僅存京都～木津區段，但在國有化後仍然繼承「奈良線」之名，才誕生了沒有駛入奈良境內的JR奈良線。

當初ＪＲ奈良線原是歸奈良鐵道公司管轄，於明治二十六年（一八九三）先開放京都站到伏見站區間，明治三十年（一八九七）四月才延伸到奈良站。

可見鋪設當初，這條鐵道正如其名連結了京都與奈良。

然而到了明治三十八年（一九〇五），奈良鐵道被早先吸收了大阪鐵道的關西鐵道合併。關西鐵道為了串連名古屋到奈良，於是將木津站到奈良站的區間併入關西鐵道的名古屋〜奈良路線。

之所以特地將奈良線的部分路線併入名古屋〜奈良的路線，是由於關西鐵道至今位於奈良線東側行經加茂、大佛及奈良的路線在途中不得不經由地勢險要的大佛峠，使得運行相當困難。因此當關西鐵道合併奈良鐵道後，便廢止之前加茂〜奈良的路段，改將路線開通至木津站，再把木津〜奈良區間併入關西鐵道的本線。而後關西鐵道國有化後改名國鐵關西本線，亦即現在的ＪＲ關西本線。結果，關西本線變成從名古屋行經奈良．王寺通往大阪的路線，而奈良線就只剩下京都〜木津路段。

雖然有著如此複雜麻煩的背景，但從歷史上來說，將從京都到奈良的路線為「奈良線」並不算錯，只不過是用「鋪設當時的名稱」來稱呼「鋪設之初的路線」罷了。真要說起來，這種稱呼方式或許還比較直接了當。

## 奈良名產「柿葉壽司」誕生的地理背景為何？

說起吉野郡及五條市的名產，便是「柿葉壽司」。這是將剖成三片的鹽漬鯖魚浸泡在醋裡後切成薄片，放在一口大的醋飯上，再用柿葉包起來壓製一晚後完成。藉由柿葉的香味浸透整個壽司能夠消除鯖魚的腥味，吃起來十分美味，加上獨特的柿葉香氣也能刺激食慾。實際上柿葉壽司原是夏季祭典的特別美食，即使是熱到缺乏食欲時也能一口吞下而相當受到重視。

在沒有冰箱的年代，或許有人會擔心在盛夏時分讓生鮮的鯖魚悶一晚不怕腐壞嗎？然而醋與柿葉中所含的單寧酸具有防腐的作用，因此在保存上也算是相當符合邏輯。

### 為何使用鯖魚與柿葉製作？

不論從味道或是保存食來看都相當優秀的柿葉壽司，究竟是如何誕生的呢？在請教了位於五條市的柿博物館館員後，得到以下的說明。

首先，使用鯖魚作為柿葉壽司主料的契機，是因為對地處內陸的奈良人而言，說到魚就想到鯖魚。

其實在江戶時代中期，紀州藩（和歌山縣）的漁師一直為重稅所苦。為了想辦法賺錢，漁師於是到離紀州近、有許多家境富裕者居住的吉野地方兜售鹽漬鯖魚。對當地人來說，魚是相當貴重難得的佳餚，因此可以高價出售。

至於是從何時開始使用柿葉作為包裹鯖魚壽司的素材，目前尚無定論。不過當地由於氣候溫暖適合栽種柿子，家家戶戶都種有柿樹；由此推測柿葉便是當時具有防腐效果、又能就近取得的素材。

此外，自從江戶時代開始製造食用醋後，柿葉壽司才變成現在這般類似箱壽司的押壽司形狀。在這之前由於沒有食用醋，因此作法與鮒壽司類似，將鹽漬鯖魚放進米飯內醃漬，經乳酸發酵後製成「熟壽司」。

柿葉壽司原是家家戶戶在夏日祭典時製作的佳餚，到了江戶時代則有茶屋等店鋪開始提供給前往大峰山參拜的香客及往來於街道的旅客。由於受到好評，奈良的柿葉壽司才逐漸廣為人知。

當時販售柿葉壽司的店家當中，有不少都在後來發展成大型食品製造商。

直至今日，吉野地方仍是柿子的盛產地。雖然本來就具備適合栽種柿子的氣候條件，不過要到進入昭和時代後才開始出現大型柿子園。吉野原先盛產橘子，然而大正時代發生的大寒流卻造成橘子歉收；由於柿子的抗寒性比橘子強，因而改成栽種才剛研發出來的富有柿及平核無柿（澀柿）。

奈良縣名產柿葉壽司。也會以鮭魚或鯛魚作為食材。

到了昭和四十九年（一九七四），在日本近畿農政局的主導下，於吉野地區興建大規模柿子農園，柿子栽種也因此變得更加興盛。

# 促使奈良縣位居日本全國鋼琴持有率之冠的地理因素為何？

我們常聽到「縣民性」一詞，而一般說到奈良人的縣民性，多半都給人穩重的印象。據說這是因為奈良縣氣候溫暖、自然災害較少，又是高人氣的觀光景點，不須一昧忙碌奔波就能過上不錯的日子。

先不談這到底是真是假，不過從資料來看，長年以來奈良縣一直位居鋼琴持有率之冠。想要擁有一台鋼琴，除了家中得有足夠的空間外，學習鋼琴也代表生活上得有一定的餘裕。

為何鋼琴在奈良會如此深受歡迎？

有一說法認為，或許這與奈良鄰近大阪與京都有關。俗話說「奈良講究住」，奈良縣民為了與大都市大阪及京都抗衡，不惜將錢花在住宅、傢俱及家電等耐久財上，有愛面子的傾向。加上近年來交通手段發達，使得來自大阪及京都的白領階層流入奈良，他們為了孩子的教育紛紛購買鋼琴，因此注重門面的競爭也愈來愈激烈，鋼琴持有台數因

## ※ 各縣別鋼琴擁有台數前 10 名（2009 年 10 月末）

| | | |
|---|---|---|
| 第 1 名 | 群馬縣 | 354 |
| 第 2 名 | 奈良縣 | 353 |
| 第 3 名 | 栃木縣 | 346 |
| 第 4 名 | 岡山縣 | 336 |
| 第 5 名 | 三重縣 | 327 |
| 第 6 名 | 長野縣 | 327 |
| 第 7 名 | 山梨縣 | 325 |
| 第 8 名 | 滋賀縣 | 323 |
| 第 8 名 | 香川縣 | 323 |
| 第 10 名 | 福井縣 | 312 |

（每千戶的台數）

根據平成 21 年（2009）的調查結果，儘管第 1 名讓給了群馬縣，奈良縣依然維持著高持有率。

而增加。

奈良縣民除了稱霸鋼琴持有率外，電腦、相機、攝影機、空氣清淨機、書桌、課桌的普及（持有）率也是日本第一（以兩人以上戶口的每千戶計算）。

話雖如此，奈良縣民的家計實際收入額排名（資料來自《勞動者戶口・總務省平成二十四年家計調查報告速報」）為平均之上的第二十一名，但金額卻比全國平均值略低，稱不上是特別富裕。但奈良人的各種家電及傢俱持有率仍然居高不下，果然多少還是受到「愛面子」的縣民氣質所影響？

# 戰國時代守護村落的防禦設施「水堀」現已變成農業用水!?

自古以來，水一直是人們生活中不可或缺的要素。為了維持地域繁榮，水資源的確保也就顯得相當重要。在奈良的平原地帶，諸如稗田、竹之內、南鄉等聚落的周圍，保留許多有水堀環繞的環濠聚落遺跡。現存的水堀則作為農業用水或遊水地之用。長期以來正因為有諸多農民為治水所苦，因此水堀對當地居民的生活而言是不可或缺的存在。

然而這些水堀大部分其實當初另有其他建造目的，那就是守護聚落的壕溝。為何不過是平民居住的聚落裡會需要這般防禦措施？

為了防禦而建造水堀的背景始於應仁之亂的發生。應仁元年（一四六七），這場起自畠山家內亂的鬥爭，隨著當時的掌權者細川勝元與山名宗全的加入愈演愈烈，終於與足利將軍家繼承人之爭相結合，爆發了應仁之亂。一開始於京都點燃的戰火沒多久便擴及大和，連寺院與國人[102]之間也爆發鬥爭。大和以筒井、越智、十市、箸尾、古市這五大國人勢力為紛爭的中心，將大和的平原地帶化為主戰場進行爭鬥。

竹之內環濠聚落為散布於奈良盆地內的環濠聚落之一。

這麼一來，大和的聚落也就不得不參與合戰。各聚落被迫守護自身家園，開始建造防禦設施。而水堀就是其中之一。

水堀作為村落因應戰亂而修建的防禦設施，誕生於鎌倉時代末期或南北朝時期，有不少聚落看重其防禦力及優點而善加運用。

據說在環濠聚落當中，亦有些聚落積極協助領主，並擔任「繫城」以輔助支城與支城之間的連繫。此外，也有不少聚落在日後轉變為城郭，成為支援領主的據點。

## 現在奈良的市中心與其說是舊都，其實曾是門前町！

說到奈良的必去景點，一定就會想到東大寺、興福寺等古剎，以及位於春日大社等境內有鹿群棲息的奈良公園。奈良市方圓二公里左右的範圍有包含奈良縣廳及法院等機關、奈良町與東向通等繁華商街以及ＪＲ與近鐵奈良站，可說是古都奈良的核心地帶。然而現今奈良市中心街道其實並非昔日平城京的中心，而是稱作「外京」的郊外地區。

那麼，當時的中心地帶究竟位在哪裡？

其實就是如今有西大寺及藥師寺等座落的一帶。這裡以曾存在於現今平城宮跡的壯大宮殿為中心，連綿著許多大寺院及貴族宅邸。然而，現在平城宮跡地已變成一片原野，沒有什麼能讓人緬懷過去之物。

平城京的中心地帶之所以變得蕭條，契機是來自遷都。都城在後來先遷至長岡京，又遷至京都的平安京，而每次遷都平城宮的宮殿及主要建築物都會被全面解體，再運送到新的土地上。遺跡也在歷經漫長的歲月下，化身為水田與旱田。

但由於平城京的諸寺院並沒有進行遷移，因此奈良成了佛教教學的中心地而繁榮，相對於北京的平安京，奈良則得稱南京或南都。

另一方面，外京至今仍是一處繁華的市區。這又是為什麼呢？

外京保留了東大寺、興福寺、春日大社等諸多寺社，這些寺社當中有一部分作為藤原氏的氏寺、氏神社受到庇護而得以維持勢力。同時，隨著這些寺院的繁榮，在其門前形成了鄉里，因此這一帶可說是相當於門前町。通常門前町會促進商業及產業發展，而鎌倉時代的外京也在大寺院的庇護下得以設立北市與南市，到了室町時代甚至開設了中市，商業急速地發展。加上手工業也相當發達，逐漸提昇了鄉里間的經濟力。等到室町時代後半興起了下剋上的風潮，鄉民們於是逐漸脫離寺社的管理，開始萌生自治意識，鄉與鄉之間的交流也日益深厚，隨後便由鄉發展為町。

之後進入安土桃山時代，在豐臣秀長的統制之下町的發展雖然稍有停滯，到了江戶時代隨著奈良奉行的設置，又再次以奈良曬[103]及酒等特產作為武器迎來高度的經濟發展。於是昔日的外京成了現在奈良的市街中心，而以前的中心地西京則成了郊外，與一千三百年前的立場完全顛倒過來。奈良雖然總給人古代舊都之地的印象，但町的基礎其實是奠定自奈良時代以後門前町的發展。

# 孕育出名產三輪素麵的地利與氣候

「素麵」與蕎麥麵、烏龍麵並列為日本最具代表性的麵類，但素麵其實是源自中國。八世紀時，遣唐使帶來一種名叫「索餅」的唐菓子。這是由麵粉揉製的麵團製成繩狀的點心，當初在日本被稱作「麥繩」。據說這就是素麵的起源。

一般認為，早在平安時代就已經出現近似現在素麵的食物。

在所有素麵當中，最為知名的就是「三輪素麵」。這是在擁有好水、富含麩質的優質小麥，以及地盤寒冷的奈良盆地所孕育的名產，以細白麵體、有嚼勁的口感為特徵，遵循傳統的極寒製及手擀作法。

話雖如此，令人意外的是，很少人知道三輪素麵的產地是在奈良縣櫻井市三輪。該地區也被認為是素麵的發祥地，至今依然生產大量的素麵。宛如絹線的素麵擺在室外日曬的情景，成了奈良特有的風情畫。

促使素麵在三輪誕生的背景之一，與卷向川及初瀨川這兩條河川有關。自古以來，當地便盛產極富黏性的小麥。根據傳說，當地以大神神社的祭神大物主神在此播下小麥的種籽為契機開始生產小麥；尤其是卷向川及初瀨川流域因河流湍急，因此水車磨粉相當發達。將小麥以石頭磨碎，加入鹽與植物油揉製後吊在屋簷下製成保存食，據說這就是三輪素麵的起源。

此外，三輪的寒冬最適合製造優質的麵。低氣溫的環境下能製出鹽分少的素麵，不但富有嚼勁且品質也更好。此外，由於當地冬季多晴，也具備能在室外風乾素麵的優點。素麵製作一般會在冬季的農閒期，即十二月至三月進行。每年一到這個時期，三輪的人們就會全家總動員製作素麵。換句話說，正因為這是十分適合農家的副業，素麵的製造自然就更加興盛。

而後三輪素麵在江戶時代由於三輪作為參拜伊勢神宮的宿場町繁盛一時，在此契機下一舉成為全國知名的名產；平成十九年（二〇〇七），與柿葉壽司一同入選為「農山漁村鄉土料理百選」（農林水產省）。

## 世界遺產春日山原始林之所以「珍貴」的原因為何？

最近由於富士山得以登錄而蔚為話題的世界遺產，在日本其他各地也還有很多。「古都奈良文化財」就是其中之一，於平成一〇年（一九九八）十二月在京都召開的第二十二屆世界遺產委員會上被納入世界遺產項目。世界遺產可分成自然遺產及文化遺產，而具有文化意義的珍貴財產正是被指定為文化遺產的要素之一。

提到「古都奈良的文化財」，最先浮現於腦海的想必一定是寺社。的確，這其中也包含了東大寺、興福寺、春日大社、元興寺、藥師寺及唐招提寺。此外，平城宮跡也屬於文化財之一。另外還有一項意外地鮮為人知的文化遺產，那就是「春日山原始林」。為何原始林會被列入文化遺產當中呢？

### 一千一百年以上未經人為開發的原生林

春日山位於春日大社的東側，最高峰是標高四百九十八公尺的花山。其西側則是形

春日山原始林自承和 8 年（841）作為春日大社的神域嚴厲禁止採伐狩獵以來，已超過 1100 年以上未受人為影響，是象徵日本人的自然觀與信仰合為一體的貴重文化遺產。

狀如同平放草笠的御蓋山，而春日山原始林就位在這兩座山峰之間，面積廣約一百公頃之多。

在這片超過一千一百年以上未經人為開發的原生林中，生長著日本常綠橡樹、日本柳杉、長尾栲、赤皮、山櫻、冷杉等花草樹木等約上千種植物，同時經確認棲息著大斑啄木鳥、紫綬帶等六十種鳥類、十種動物以及一千一百八十種昆蟲。

到了明治時代，春日山原始林成為國有林；明治二十二年（一八八九），被納入奈良公園的一部分，並於大正十三年（一九二四）被指定為國家天然紀念物。

春日山原生林自承和八年（八四一）

起就嚴禁採伐狩獵。而御蓋山自古以來被視為神山，也因此春日山一帶被當作春日大社的聖域，一直都在未經人為開發的情況下受到保護。

據說在中世時，曾數度發生成千上百棵的樹木同時枯萎的情形，而每次人們都總會恐懼地認為「這是神明在作祟！」從這裡也能看出春日山原始林作為聖域的特性。春日山原始林可說是結合了對自然的原始信仰以及日本人傳統自然觀的珍貴文化遺產。

另一方面，這片原始林以維持原生狀態的照葉林來說亦屬相當珍貴。其主體是錐栗屬及橡木等常綠照葉林，稱作「極相林」，本來多生長於春日山原始林所在的北緯三十五度附近，標高約六百~七百公尺的地方。以前，這種照葉林廣泛地分布在亞洲到地中海地區，卻因同緯度附近地區的都市化與耕地化，現在地中海地區僅剩下浮在大西洋海面的加那利群島有生息，而亞洲地區的分布也同樣極為稀疏，極其寶貴。

春日山原始林不但是本州內保有大量照葉林的珍貴資源，同時與春日大社、東大寺、興福寺等歷史文化遺產關係深厚，因而得以在這片鄰近人類居所之地與自古以來被神格化的鹿共生共存。

# 一場爭奪磁浮中央新幹線站點的拉鋸戰，京都也來參一腳

所謂超電導浮軌列車，是指藉由車輛上搭載的超導磁鐵與裝設於地面的線圈之間的磁力使車輛懸浮，以超高速行駛的鐵路。經過長期的實驗，於平成十五年（二〇〇三）在有人乘坐的情況下達成時速五百八十一公里，為陸上交通工具的世界最高速紀錄。

至此，超電導浮軌列車實用化計畫終於有所動靜，那就是連結東京與大阪只需花費約一小時路程的中央新幹線構想。

現階段已決定好東京到名古屋的路線。JR東海於平成二十五年（二〇一三）九月十八日發表了行駛路線及停靠站；總站將設置在東京都港區的品川站地下以及名古屋市中村區的名古屋站地下。途中預定停靠的站點為神奈川縣相模原市、山梨縣甲府市、長野縣飯田市以及岐阜縣中津川市。

該路線預定於二〇二七年開業，從品川到名古屋將只需不到現行新幹線所費時間的一半，約四十分鐘就能抵達。

磁浮中央新幹線全線開通至大阪則預定會在二〇四五年完成。那麼，名古屋以西的路線及站點的規劃又是如何？

磁浮中央新幹線的修建計畫是在平成二十三年（二〇一一）五月二十六日宣布，其中註明了將會通過「奈良市附近」。因此，奈良的人們理所當然地認為路線會經過當地。

在日本政府於昭和四十八年（一九七三）所制定的「全國新幹線鐵道整備法」中，明確告示站點在「奈良市附近」。而JR東海也表明將「依照法律上的路線通過奈良市附近」。

畢竟日本全國沒有機場及新幹線車站的就只有奈良、三重及山梨三縣。因此對奈良縣而言，磁浮中央新幹線的進駐可說是得償夙願。

現階段有關位於奈良縣的站點，有奈良、大和郡山及生駒三市報名成為候補。

## 基於「經濟效果高」，京都也來參一腳

然而，這時卻突然發生對奈良而言宛如晴天霹靂的消息。

消息就來自京都。京都財政界提出「路線通過京都的經濟效果比較高」，主張「應該行經京都」。這背後其實與建設費用負擔問題有關；當初JR東海原本主張設置車

## ※ 磁浮中央新幹線的鋪設計畫

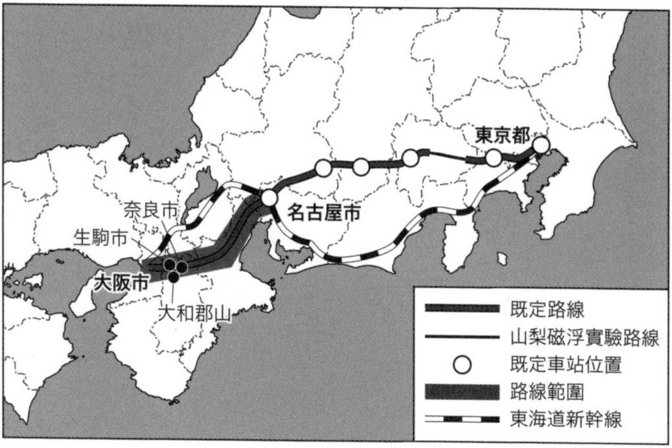
東京都
名古屋市
奈良市
生駒市
大阪市
大和郡山
既定路線
山梨磁浮實驗路線
既定車站位置
路線範圍
東海道新幹線

來回東京與大阪將只需約一小時出頭的中央新幹線「磁浮列車」，於 2011 年的整備計畫中預定會在「奈良市附近」設置站點，因此縣內有 3 市報名成為站點候補。

站所需費用應由各地自行負擔。

不過，最近ＪＲ東海卻突然改變方針，表明費用都將由ＪＲ負擔。而京都開始主張報名候補便是在這件事之後，讓奈良方面砲轟「未免也太自私了吧」。

奈良擁有長期以來因著與中、韓交流的傳統而生的豐富歷史及文化遺產。

而未來磁浮中央新幹線將成為新的國土軸，具備多重性機能。相信不但能飛躍性地拓展人們之間的交流，同時對振興觀光及文化作出極大貢獻。

# 奈良縣農家人口少的地理背景為何？

說到奈良，總給人一種自然資源豐富、綠意盎然的印象，因而認定奈良也有很多田地且農業發達。但意外的是當地農家人口數量其實很少，位居全國第四十名（平成二〇年），農地面積也相當狹小，為全國排名第四十四（平成二十三年）。

話雖如此，奈良並非從以前開始農家人口就這麼少。昔日這裡曾是活用溫暖的氣候條件與高度生產力的農業興盛地，到了近世則盛行栽種稻米、棉花、油菜籽、菸草等作物，奠定了水旱田「輪作」的務農型態。

可是，原本促使農業興盛的周遭情況在昭和三〇年（一九五五）至四十七年（一九七二）的高度經濟成長期後發生極大的變化。自此農家人口便開始急速減少，其背景便與奈良地理上的環境有關。

奈良縣位於大都市暨產業興盛的大阪與京都近郊，因此前往大阪或京都通勤都相當便利，成為備受注目的衛星城市。隨著大規模的宅地開發，原為田地的地段也蓋起諸多高樓大廈或獨棟住宅。

一旦住宅用地開始擴大發展，地價也隨之翻騰。想繼續耕農變得愈來愈困難，耕地面積也大幅減少。

此外，因交通日益發達而擴大的勞動市場也同樣加快了農業的沒落。過去一直在當地務農的人們開始到大阪及京都工作；這種傾向使得專業農家減少，增加了許多兼職農家。而代代務農的農家小孩也不願繼承家業，改到外地工作。

然而，奈良縣其實先天就具有不利的條件。這裡山林眾多，可居住面積是全國最狹小的。雖然林業因此相當興盛，要發展農業卻並不容易。即便一路上靠著高度的栽培技術多少克服了先天上的劣勢，現在卻已不見這般風貌。

儘管如此，奈良縣仍盛行栽種許多作物，如產量排名全國第二的柿子、產量全國第七的荒茶、草莓、番茄等作物。至於產量位居全國之冠的二輪菊，以及全國第二的小菊也相當有名（以上全出自平成二十三年資料）。此外雖然產量不如從前，但也還是有種植稻米。到底將來奈良縣的農業又會何去何從呢？

## 繁華一時甚至曾發行社區貨幣的商業都市「今井」是如何崛起？

橿原市的位置幾近奈良盆地的正中央。走出近鐵橿原線八木西口站後往西走，接著再往西南方走一段路後，就能到達被指定為國家傳統建築物群保存地區，至今仍林立著江戶時代町屋[104]的今井町。町內約七百六十戶當中就有大概五百五十戶屬於江戶時代傳統形式的町屋，其中高木家、河合家、舊米谷家、音村家、上田家、中橋家、豐田家以及今西家等八棟更是被指定為國家重要文化財。

儘管如此，在這等偏離橫大路、下道等古代重要幹道的僻靜場所，為何會發展出這般規模不小的町呢？

今井町是在戰國時代末期的天文年間（一五三二～五五），由石山本願寺的家眾今井兵部為了宣揚一向宗所興建的道場，也是稱念寺的前身，並以此為中心所形成的寺內町。

當時，一向宗在全國各地與大名及其他宗派對立，不斷發生抗爭。今井町為避免受到敵對勢力及盜賊的攻擊，於是在周圍築起壕溝，並修築難以辨識方向的筋違道，以實

今井町的街道被指定為重要傳統建築物群保存地區。「今井新堂屋是個大金主，甚至還在玄關曬錢」、「大和的錢不過只有今井的七成」[106] 等，皆在在述說了其昔日繁景。

戰考量來進行改造。加上還有本願寺的庇護，因此從大坂、奈良的戰亂中逃出的商人及武士便陸續流入今井町，很快地發展成一大商業都市。

元龜至天正年間（一五七〇～九二），本願寺舉兵攻打織田信長，而今井町也以今井兵部為中心舉兵進攻，結果敗給明智光秀。

到了江戶時代，今井町的發展益加繁榮。不但盛行肥料、棉花、味噌、酒類等買賣，甚至還發行與藩札[105]等值的紙幣「今井札」，足見其繁華程度。此外，今井町亦擁有自治特權。如今在今井町的各個角落，也都還留有這些歷史的痕跡。

# 原本該以「西和市」之名誕生，如今已成泡影的都市到底是!?

日本政府在幾年前實施名為「平成大合併」的政策。這是自平成十一年（一九九九）起由日本政府所主導推動的市町村合併。目的是為了擴大自治體規模，以強化行政與財政基盤，推動地方分權。

平成二十二年（二〇一〇）三月底，由於市町村合併特例新法已經過了效期，平成大合併至此告一段落，在這段期間內有許多市町村進行了合併。而奈良縣內也有地區被捲入這一波市町村合併中。

眾所皆知，奈良縣生駒郡斑鳩町是歷史悠久的城鎮，擁有世界最古老的木造建築「法隆寺」等古蹟。這裡在明治的町村制下被分成法隆寺村、龍田町以及富鄉村，於昭和二十二年（一九四七）迎來了合併的命運。

然而，當時最大的問題便是町名。各方為了新的町名爭吵不休，最後總算在法隆寺管長「以《日本書紀》中也有出現的斑鳩來取名如何？」的有力發言之下，得名「斑鳩

## ⁂ 如夢似幻的西和市

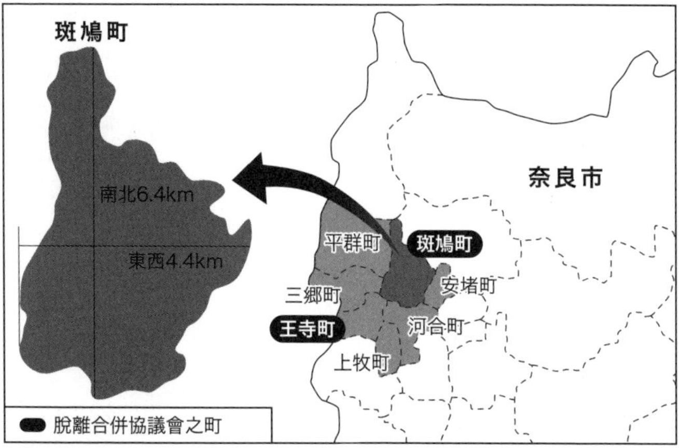
斑鳩町
南北6.4km
東西4.4km
奈良市
平群町
斑鳩町
安堵町
三鄉町
王寺町
河合町
上牧町
脫離合併協議會之町

平成大合併時，原本協議由斑鳩町、王寺町等7町村進行合併，甚至還取好新市名「西和市」。不過其中3町舉辦居民投票的結果顯示斑鳩町及王寺町以反對派居多，使得合併一事泡湯。

町」。

### 出現合併西和七町的構想

但沒多久，斑鳩町又再度被捲入圍繞著新名稱而起的騷動。平成大合併時，有人提出將斑鳩町、王寺町、安堵町、三鄉町、平群町、上牧町、河合町等七町合併的意見，並為此設置了協議會。

上述七町村在以前曾建立廣域市町村圈協議會，進行各項協力合作，被稱為「西和七町」，因此多半都認為合併事宜會進行得很順利。

沒想到，問題卻發生了。

協議會公開募集新市名，結果在約二、三十個備選市名當中，以票數第一名的「法隆寺市」及第三名的「西和市」進入最終票選。話雖如此，由於法隆寺位於斑鳩町，因此「法隆寺市」其實與其他町毫無關聯性。於是協議會否決了「法隆寺市」，決定以「西和市」作為新市名。

就在新市名敲定之際，卻發生了出乎意料的事態。除了出現反對新市名的聲浪，甚至還有人鼓吹乾脆取消合併。反對合併、對合併抱有疑問的居民提議舉辦居民投票；後來斑鳩町、王寺町及平群町三町也按照提議實施了居民投票，表決是否應該合併。

投票表決的結果，斑鳩町及王寺町以反對票數居多。町村合併的目的之一是為了重振財務狀況，但由於這兩町的財務狀況原本就不錯，成了反對合併派的一大助力。此外，也可能是因為斑鳩町民捨不得具有悠久歷史的「斑鳩」一名，才會如此強烈反對捨棄這個名字。

結果，斑鳩町與王寺町脫離合併協議會。其實將剩下五町合併也未嘗不是一種辦法，但反對聲浪始終居高不下，使得合併一事就此泡湯。

於是「西和市」就這麼化作了泡影。假使合併成真誕生出西和市的話，不曉得又會有怎樣的發展呢？

## 奈良縣內有地方幾乎一整年都是雨天？

根據時期的不同，降雨方式也會跟著改變。舉例來說，一到梅雨時期，日本全國各地就會變得多雨。此外地區間也會分成降雨多或是降雨少的地域。

在這當中，據說奈良縣內有個地方竟然一年裡有半年以上都標著下雨記號，同時也是世界上數一數二的多雨地區。位於奈良縣及三重縣交界處的台高山脈南端，是一片標高一千五百～一千七百公尺的平坦高原地帶，名叫「大台原」。其面積東西延伸約四公里，南北約二～三公里，因其地勢險要加上多雨濃霧而得稱「魔境之山」，在近代以前一直是人們敬而遠之的地方。

直到幕末至明治時期，在探險家松蒲武四郎的介紹下，以及宗教家古川嵩於明治時代中期在此設立大台教會作為神道某一派的分教，大台原才開始有了知名度。

話說回來，大台原的降雨量究竟有多少？

其降雨量不但是日本第一，在世界上也是數一數二。大台原遊客服務中心固定會記錄每年開山期間從四月下旬至十一月下旬七個月間的降雨日數，而平成二十三年（二〇一一）的下雨日數為一百〇五日，代表幾乎每兩天就下一次雨。年間降水量為奈良盆地的三倍以上，過去年間最大降水量為大正九年（一九二〇）的八千二百一十四公釐。

那麼，為何這裡會成為多雨地帶呢？

祕密就在於大台原的地形條件。

## 催生超多雨地區的紀伊半島構造

從紀伊半島南端和歌山縣的潮岬一直到三重縣大王崎的一帶被稱為熊野灘，沿岸有著鮮明的谷灣式海岸以及許多岩礁與暗礁，同時也是擁有眾多天然良港的海域。

而大台原其實與熊野灘僅相隔二十公里遠，天氣晴朗時還能俯瞰海岸景色。因此，富含海洋濕氣的風在吹向陡坡後就會急速冷卻，形成激烈的上升氣流在上空形成雲層，降下大量雨水。

到了颱風季節，是大台原的雨勢最猛烈的時期。這是因為颱風帶來的高溫多濕的東南風以及越過大越山脈而來的西風在台高山脈相衝後，就會形成激烈的對流，引發大雨。這是即使颱風位於遙遠的南方也會產生相同情況，因此雨天會持續很長一段期間。

大台原位於奈良縣與三重縣交界處的台高山脈南端，由於富含海洋濕氣的風在吹向陡坡後就會急速冷卻，形成激烈的上升氣流在上空形成雲層，降下大量雨水，因此當地 1 年間有半年以上都是雨天。

這樣聽下來總覺得是個沒什麼吸引力的地方，但其實沒這回事。

由於多雨的緣故，經年累月下地形受到深刻侵蝕僅留下堅硬的岩石，因而在高海拔地帶形成台地，而多雨帶來的恩惠所形成的美麗森林、豐富的植被等自然景觀亦極具魅力，深深抓住了訪客們的心。

日出之前雲層堆疊在低處的景色也相當優美，有不少登山客手持相機來此探訪。另外根據情況甚至還能遠眺富士山，尤其在颱風過境後據說更是絕佳的觀賞時機。

## 戰國時代的奈良建有日本第一座天守閣！

直至江戶時代，在日本各地建有許多座城。其中有一部分仍保留至今，成為眾所皆知的觀光名勝。

現今奈良市若草中學所在的山丘上昔日曾建有城堡，即於十六世紀的戰國時代建於標高一百一十五公尺的多聞山上的多聞山城。城體周圍設置有名叫多聞櫓的長屋狀櫓[107]等，是近世城郭的先驅，尤以日本第一座天守閣而廣為人知。此外，據說由於西側毗連的丘陵上座落著光明皇后陵及聖武天皇陵，因而將光明陵的一部分納入城池，並將聖武陵當作出丸[108]。

被視為日本第一座天守的，是位在多聞山城內一隅的四層櫓，並設有裝備火繩槍的瞭望台，據說這種設計後來被織田信長採納，成為安土城天守的原型。此外，大和郡山城等其他城堡的天守也是參考多聞山城的四層櫓。其出色的設計不但傳遍日本國內，甚至還傳到國外。傳教士路易士·佛洛伊斯（Luís Fróis）曾在其著作《日本史》中如此記載：

「城門的門扉是由一大塊木板製成，裝有金屬配件的樑柱看起來宛如黃金樑柱般。」而傳教士路易斯・德・阿魯梅達（Luís de Almeida）也曾讚嘆道：「在世界上，要到哪才能找到如同這座城堡般至善至美的建築啊。」

多聞山城是由三好長慶的家臣松永久秀所興建。永祿二年（一五五九），松永久秀以信貴山城為據點進攻大和，佔領奈良，於翌年永祿三年至四年修築多聞山城。之所以取名為多聞山城，據說是因為地處奈良北方，而北方的守護神是多聞天（毘沙門天），加上松永久秀信奉信貴山寺（朝護孫子寺）的多聞天所致。

松永久秀掌控了京都、奈良與堺，大顯雄風。他篡奪主家三好家後，於永祿八年（一五六五）暗殺將軍足利義輝；永祿一〇年（一五六七），在與三好三人眾的戰爭中，放火燒毀三人眾所逃進的東大寺。由於上述經歷，松永久秀成為眾所皆知的「梟雄」。

然而驍勇如他，卻在天正元年（一五七三）二度反叛織田信長後吞敗，於信貴山城自盡。多聞山城收歸佐久間信盛，在四年後由筒井順慶依織田信長之命摧毀該城。翌年，筒井順慶將多聞山城的石材搬至筒井城，作為修建郡山城之用。多聞山城於是築城不到二十年就消失得無影無蹤。至於為多聞山城築城所用，後因廢城遭到遺棄散落的千體石佛群，則安置在奈良市的稱名寺祭祀。

# 橿原神宮前站在以前曾被一分為三!?

橿原神宮位於奈良縣橿原市畝傍山的東南麓，為祭祀神武天皇的神社，興建於明治二十三年（一八九〇）。

橿原神宮前站是距離橿原神宮最近的車站，現在有停靠的路線為近鐵橿原線、南大阪線及吉野線。這三條路線如今雖屬於同一家鐵路公司，其實在以前卻分別由三家不同的公司經營。橿原線由大阪電氣軌道（大軌）經營、南大阪線由大阪鐵道（大鐵）經營，而吉野線則是由吉野鐵道（日後的大軌）所經營。

大正十二年（一九二三），先有大軌的路線（現在的橿原線）行經橿原神宮前站。當時的橿原神宮前站位於現今車站西北方三百公尺處，路線也比現行路線向西偏了三百公尺。

另一方面，之後在昭和四年（一九二九）大鐵開通了古市～久米寺的路線，並於橿原神宮以南設置了久米寺站與橿原神宮站。以此再加上大軌的橿原神宮前站在內，構成了三站鄰接的形式，而兩家公司的路線則於久米寺站交會。

## ※ 曾被一分為三的橿原神宮站

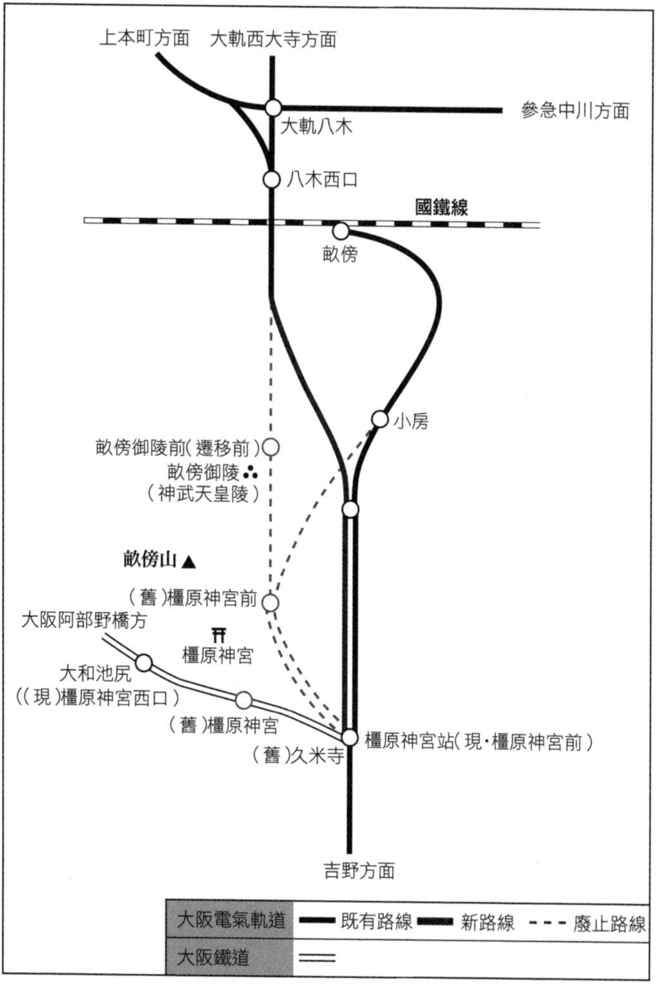


**橿原神宮前站現在雖然有近鐵橿原線、南大阪線及吉野線行經，不過在以前卻是大阪電氣軌道及大阪鐵道兩條不同的鐵路，而且還被分成 3 個車站。**

## 以神宮擴建為契機進行車站整合

昭和十五年（一九四〇），日本決定舉辦紀元二千六百年紀念大祭。這是慶祝神武天皇即位二千六百年的活動，在橿原神宮也決定舉辦盛大的祝典。為此，橿原神宮在前一年的昭和十四年（一九三九）計劃展開境內大規模的擴建工程（詳見120頁）。

然而，這時問題出現了。沒想到大軌的線路竟進入了神宮擴建後的領域，演變成會穿過神域的情況。這種狀況實在不能置之不理，但畢竟擴建是為了舉辦皇室相關的神聖祭典，無論如何也不能說出要「放棄擴建神宮」這種話。

外加事先預期祭典會湧進大量的參拜客，設施的擴充本是勢在必行。因此，相關人士便決定將線路及車站遷移。

於是大軌的線路被往東移了三百公尺，而原先的三個站也整合為一。新的車站就興建在原來久米寺站的位置，誕生出「橿原神宮站」。順帶一提，當時這裡的正式站名並非「橿原神宮」站，而是「橿原神宮站」站。昭和四十五年（一九七〇）三月，「橿原神宮站」站更名為「橿原神宮前」站，直至今日。

## 明治維新後曾一度消失在地圖上的奈良縣

明治政府曾斷然實行「廢藩置縣」，廢除過去的藩制，統一為府縣。這就是現在「縣」的起源。

話雖如此，當時的縣與現在的縣大相逕庭；有不少以前曾經存在，現在卻消失蹤跡的縣。其實，奈良縣在明治維新後也曾一度消失在日本地圖上。

明治四年（一八七一）七月推行廢藩置縣之際，大和國內設立了奈良、五條、郡山、高取、小泉、柳生、柳本、芝村、櫛羅、田原本、和歌山、津、久居、壬生、大多喜十五個縣。然而到了十一月這十五個縣全部遭到廢除，管轄大和全體的奈良縣至此誕生，是為石高[109]五十萬餘石，共計九萬五千八百六十六戶，人口達四十一萬八千三百二十六人的大縣。初代縣令由四條隆平擔任。

在此情況下起步的奈良縣，不但進行縣廳機構的整備，並編纂戶籍名簿，規劃新的地方行政劃分。此外，儘管並非透過選舉選出的議員所構成，明治七年（一八七四）的春天還是曾召開奈良縣會。

表面上看來，新生奈良縣的起步相當順利……

然而在明治九年（一八七六），卻發生了一件對奈良縣極具衝擊性的事件。明治政府為解決各府縣的財政困難，決定實施府縣統廢，將之前的府縣重編為三府三十五縣。而奈良縣也因同年四月十八日發布的太政官布告被堺縣合併，原本管轄大和全體的奈良縣，就這麼從日本地圖上消失了。

不過奈良縣的苦難還不僅如此。五年後的明治十四年（一八八一）二月，這次換成堺縣被併入大阪府內，大和國也因此跟著從屬於大阪府。

或許各位會覺得反正奈良縣都已經消失了，事到如今從屬在哪個府縣之下還不都一樣？不過事情並沒有這麼單純。

堺縣與大阪府合併後，政策重點皆偏重在改建舊攝津、舊河內及舊和泉的河川與港灣，而在道路的新設與改建、產業振興、學校改善等各項措施上，奈良也總是排在後頭。這讓舊奈良縣的縣民實在難以忍受，逐漸開始發出「快想辦法解決」的疾呼。

那麼，究竟該如何是好？民眾當然會認為，讓奈良縣復活才是最好的辦法。

## 艱難的奈良縣重設運動迎來的結果

舊奈良縣出身的今村勤三與恒岡直史等大阪府會議員以要求奈良縣復活的民眾為後盾，於明治十四年（一八八一）十二月發起「奈良縣重設運動」。當時正值自由民權運動的全盛期，所以引發了極大的迴響，同時也募集到眾多署名，並將請願書遞交給內務卿山田顯義。

不過，交涉對象的明治政府也不是省油的燈，當然不可能這麼輕易地就接受奈良縣復活的請求。重設運動也因此曾多次瀕臨停滯。

儘管如此，民眾依然鍥而不捨地推動運動，終於在明治二〇年（一八八七）有了長足的進展。恒岡直史等人得以與大藏大臣松方正義面談，並以此為契機，終於獲得總理大臣伊藤博文與內務大臣山縣有朋私下同意重新設置奈良縣。

於是在歷經六年困難重重的請願運動，政府終於在十一月四日正式同意重設奈良縣。奈良縣就此復活，初代知事由稅所篤擔任。

今日所見的奈良縣，其實曾經歷過一番波瀾萬丈的「縣生」。

# 大和郡山市為何盛行養殖金魚？

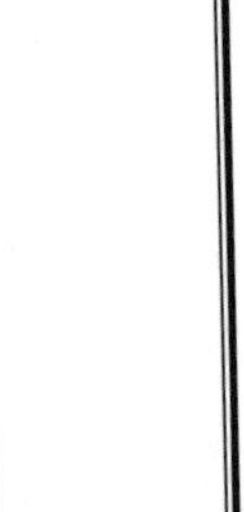

在奈良縣的大和郡山市，盛行養殖作為觀賞用寵物人氣相當高的金魚。據說其起源來自江戶時代中期柳澤家受封於郡山；享保九年（一七二四），柳澤吉里便從甲斐國（今山梨縣）轉封到郡山。

相傳當時柳澤吉里從舊領甲府引進金魚，交由底下的藩士培育。也有一說認為這之前的寶永年間，佐藤三左衛門成功養殖金魚，並將訣竅傳授其子孫，是為養殖金魚的起源。直到明治初期為止，佐藤家仍持續養殖和金（金魚品種）。隨著佐藤三左衛門收購蘭壽金魚、高田屋嘉兵衛收購獅頭金魚，帶動了養殖上述珍奇金魚之風。

## 蓄水池之多適合金魚養殖

先不論正確起源究竟為何，原本大和郡山的環境就很適合養殖金魚。最大的理由在於周圍有許多蓄水池。

在以大和郡山城為居城的柳澤氏推動下，開始盛行養殖金魚。

這個地區從以前就受到水質的恩惠及水利之便，擁有眾多農業用的蓄水池，生存在水池裡的水蚤等浮游生物也很適合作為金魚幼魚的飼料。

大和郡山之所以會有如此眾多的蓄水池，與農業上的考量有關。在近世前期不僅大和郡山，奈良盆地亦盛行可一年兩穫的水田；當時為了從一年一穫轉為兩穫，必須將用水貯存在蓄水池，以便需要時能夠使用。因此才會建造出許多蓄水池。

有了上述的蓄水池，在水田在沒有種稻的期間，就能用來養殖金魚。

大和郡山便是在先天條件的優勢下開始養殖金魚。當地金魚的養殖從幕末至明治時期逐漸發展，由精通養殖技術的前大和郡山藩士將技術傳授給村人。

在這之前，藩士們雖早已熟悉養殖金魚，不過都只停留在個人興趣階段。然而時至幕末，情況有了變化。因幕府財政匱乏使得藩士的生活變得艱難，於是開始獎勵他們以養殖金魚作為副業。也就是說藩士們是為了謀生，才變得認真投入金魚的養殖。

這般生活一直持續到明治時期，其中也開始出現以養殖金魚為正職而非副業的人。大和郡山藩最後的藩主柳澤保申對此亦提供援助，幫助貧困的舊家臣。小松春鄰在養殖法及品種改良上苦下功夫，將郡山金魚的名聲推廣至全國。

與此同時，這些藩士也開始向一般村民傳授金魚養殖技術。明治中期以養殖金魚為副業的農家已達一百四十戶。

就這樣，大和郡山市的金魚養殖成為當地最具代表性的產業。昭和十一年（一九三六），日本全國一千九百二十處金魚養殖場當中有一千〇一十四處都位在奈良縣，占整體的百分之五十三，而且生產額的占比也高達全國的百分之五十九之多。

# 為何平城新城會有右京、左京、朱雀等不合乎歷史的町名？

新的町名時不時會引發贊成派與反對派的爭論，例如昭和四十九年（一九七四）誕生於奈良市的地名「神功」、「朱雀」、「右京」及「左京」就是最好的例子。

的確，這些都是與古都奈良歷史淵源深厚的地名。「朱雀」是取自平城京的朱雀門及朱雀大路，原是指都城南方的守護神；「神功」則是源自傳說中遠征新羅、立下戰績的神功皇后之名；「右京」意指朱雀大路西側的京城，而「左京」則是指朱雀大路東側的京城。然而，這四個地名全都來自距離平城京跡有六公里之遠的平城新城住宅區，當然不可能會是朱雀大路與京城的所在地。

那麼又為何會取這種不合乎歷史的地名呢？

## 受到百分之八十五居民支持的新町名

平城新城原是戰後經濟成長下由於大阪周邊的人口急速增加，日本住宅公團依據土地計畫整理事業法以建造舒適住宅為目的所興建的。

開發地點為距離大阪中心地約二〇～三〇公尺圈內，位於圍繞奈良盆地的丘陵地帶以北的平城山丘陵。在這片面積約六百〇九公頃的廣大土地上，學校、商業設施、公園及綠地等一應俱全，以成為文化、學術及研究中心的城鎮為目標，自昭和四十七年（一九七二）起開始入住。

前面提到的四個名稱是在開發平城新城之際命名的。據說是當時的奈良市長鍵田忠三郎以全盛時期的平城京為發想而想出的通稱。

昭和六十一年（一九八六）召開了決定行政町名的住居表示審議會，儘管會議上出現反對意見，自治會長卻以「對這些已（作為通稱）使用超過十年以上的名稱有了感情」為由，希望將上述町名作為正式的行政町名。

而且，還為此針對所有居民實施了意見調查，結果有超過百分之八十五以上的居民支持繼續作為新町名使用。

有鑑於上述贊成派的表態，奈良市議會於是決定以新町名作為正式町名。

## 與歷史認識大有出入

儘管已經正式決定，當時擔任住居表示審議會副委員長的關西大學教授網干善教在之後仍持續表達反對意見。

網干善教是一個考古學者，從一開始便一貫採取反對的態度。他認為，「與歷史有關連的地名就跟考古學的遺跡一樣，本身就有其歷史價值；儘管如此卻被用來當作與平城京域相隔甚遠的平城新城町名，這並不妥當。」

也就是說，他主張此舉將造成歷史教育的弊害。

由於新町名明顯缺乏歷史的正當性，使得地名爭論繼續擴大，卻一直都沒能顛覆行政町名的決定，直至現在。

假使將來左京、右京、朱雀等歷史性地名在奈良以昔日的平城京域為中心復活的話，現在的地名又會變得如何呢？

〈注釋〉

1 畿內，古代日本的律令制下的行政區域劃分，是指大和、山城、河內、和泉、攝津5國。即現在的奈良縣、京都府中南部、大阪府、兵庫縣東南部一帶。又稱「五畿」。

2 日本武尊，古代日本的傳說英雄，為第十二代景行天皇的皇子。《古事記》中寫作「倭建命」，《風土記》中則寫作「倭武天皇」，《日本書紀》中寫作「日本武尊」，現在漢字標示統一使用「日本武尊」。

3 原文為「倭は国の真秀ろば　畳なづく青垣　山隠れる倭しうるはし」，《古事記》中為日本武尊臨終前的辭世詩，旨在讚頌大和。

4 白鳳時代，廣義上是指大化元年（645）大化革新~和銅3年（710）平城京遷都約60年期間。

5 蘇我倉山田石川麻呂，日本飛鳥時代的豪族，官至右大臣。

6 攝關家，指藤原北家嫡系的五族：近衛、九條、一條、二條及鷹司，又稱「五攝家」或「五攝關家」。

7 即南都燒討（なんとやきうち），治承四年，平清盛第五子平重衡奉父命攻打東大寺、興福寺等南都（奈良）的佛寺，史稱「南都燒討」。

8 聖德太子，飛鳥時代的皇族兼政治家，為推古天皇時代的改革推行者。曾派出遣隋使學習中國文化與制度，制定「冠位十二階」及「十七條憲法」，奠定以天皇為中心的中央集權國家體制，並興隆佛教等。

9 廚子，用來供奉佛像、舍利子、牌位等的佛具，廣義的廚子也包括佛壇。

10 禮盤，禮佛及說法時使用的臺座。

11 相輪，五重塔屋頂金屬部分的總稱，塔剎的主要部分。

12 叡尊，鎌倉時代中期真言律宗的僧侶，諡號興正菩薩。以復興戒律與奈良西大寺聞名。

13 拜殿，神社建築的一種，為進行祭祀、參拜的社殿。

14 神佛習合，是指日本本土的信仰與佛教折衷，重新再形成一個新的信仰系統。一般是指日本神道與佛教發生合一的現象。

15 宇佐八幡宮是日本全國八幡宮的總本山，其元宮與香春神社一樣同是古宮八幡神社。古宮八幡神社原是坐鎮於盛產銅礦且鑄銅興盛的香春三之岳東麓的採銅所。宇佐八幡宮的御神鏡（八幡神的神體）就是使用香春岳所產的銅所鑄成。香春神社的宮司家為赤染氏與鶴賀氏，據說赤染氏是秦氏一族。由上述可知，八幡神與秦氏有深厚的淵源。

16 禰宜，神職的一種，地位僅次於宮司。

17 町，此處為日本的長度單位，1町＝109公尺。四方則是指面積。四町四方＝4町×4町之意。

18 原文為縄張り争い，此處縄張意指進行日本建築基礎工程時正確定位的作業。

19 町區劃，日文叫做「町割り（まちわり）」，即土地區劃。將土地劃分成多個四邊長約120公尺的正方形區塊，稱為「町」，周圍環繞著道路或水路。

20 孝謙上皇，孝謙天皇是日本史上第6位女性天皇，也是天武天皇系統最後一位天皇。為第46代及第48代天皇。孝謙天皇於天平勝寶元年7月2日（749年8月19日）即位，天平寶字2年8月1日（758年9月7日）因侍奉生病的光明皇太后而退位，是為孝謙上皇。天平寶字8年10月9日（764年11月6日），孝謙上皇廢淳仁天皇後復位，改稱稱德天皇。

21 孝謙上皇於天平寶字8年（764）9月發願建造金銅四天王像，同年10月重祚，是為稱德天皇；翌年天平神護元年（765），四天王像及西大寺落成。因此這裡改稱為「稱德天皇」。

22 律宗，是漢傳佛教宗派之一，因著重研習毗奈耶及傳持佛教戒律、嚴肅佛教戒規而得名，為唐朝高僧道宣所創。後由歸化僧鑑真傳入日本。

23 《天平之甍》，日本作家井上靖所著的歷史小說，內容描寫唐朝開元、天寶時代高僧鑑真法師渡日傳法的事蹟。

24 天平文化，自聖武天皇遷都到平城京至8世紀中葉期間盛行的貴族、佛教文化。由於當時聖武天皇使用的元號是天平，因而稱為天平文化。

25 佛磚（塼仏，せんぶつ），在中國的北魏至唐代發展盛行，七世紀時傳入日本的一種浮雕式佛像。優點是可大量生產。

26 別格本山，地位特殊、待遇等同於本山的寺院。

27 裳階，在佛堂、塔、天守等的屋簷下方的牆上所加裝的屋簷狀構造物，即在原本的屋頂下方再加一層屋頂。又稱作「裳層」。常見於寺院建築。

28 廡殿頂，日文叫做「寄棟造り（よせむねづくり）」，是中國、日本、朝鮮古代建築的一種屋頂樣式。

29 私度僧，是指在律令制下，未經官方許可便擅自出家的僧尼。

30 築地塀，以泥土所築成的圍牆。亦稱為「築地」。

31 平城京形狀呈南北較長的長方形，以中央的朱雀大路為軸區分為左京與右京，另外在左京的傾斜地設置外京。平城京的佈局是採用條坊制，東西方向由一條至九條大路，南北方向由朱雀大路及左京的一坊大路至四坊大路、右京的一坊大路至四坊大路劃分區域。四面都是大路所劃分的區域稱作「坊」。而1坊又可被3條東西方向的小路及3條南北方向的小路再劃分為16個區域，其單位稱作「坪」。同一坊的16個坪各自有編號，例如「左京一條二坊十四坪」。

32 後來平安京的土地區劃單位稱作「町」，相當於平城京的「坪」，故平城京的土地區劃（坪區劃）也可稱作「町區劃」。

33 條里制是日本古代的一種土地區劃法。將土地劃分為邊長6町（約６５４公尺）的棋盤狀，東西方向的列稱作「條」，南北方向的列則稱作「里」。此外，以6町見方為一區，稱作「里」，1里可再細分為36坪。而平城京的1町相當於約１２０ｍ見方，因此可知海龍王寺的1町（１０９ｍ見方）∧平城京的１町（１２０ｍ見方）。

34 推古天皇，日本第33代天皇，也是日本史上第一位女性天皇。

35 藤原兼家是屬於藤原氏嫡流藤原北家九條流。其父藤原師輔的別稱為「九條殿」，因此其子孫又被稱為九條流。而五攝家之一的九條家始祖九條兼實雖是藤原兼家的直系子孫，但以九條為姓氏則是在平安末期～鎌倉初期，因此一般不會稱藤原兼家為「九條關白」或「九條兼家」。這裡保留原文，使用「九條關白」。

36 《魏志倭人傳》，是指中國史書《三國志》中〈魏書三十〉倭人傳。在日本通稱為《魏志倭人傳》。

37 神佛習合，是指將日本本土信仰與佛教折衷，重新混合建構一個信仰系統。一般多指神道與佛教發生合一現象。亦稱為「神佛混淆」。奈良時代，神佛關係逐漸變得緊密；到了平安時代，在神前讀經、興建神宮寺也愈來愈普遍。

38 掛米，即在三段式釀製中投入的蒸米。

39 火入，即將清酒加熱至攝氏60～65度，殺死酒內容易導致腐壞的細菌。

40 南都諸白，是指平安時代中期至室町時代末期，由奈良（南都）的寺院以諸白釀造法所釀製的僧坊酒之總稱。

41 白鳳建築出自白鳳文化，是盛行於645年大化革新至710年平城京遷都的飛鳥時代的文化，介於飛鳥文化與天平文化之間。

42 山笠，祭禮時等所戴的上有裝飾的帽子。

43 上知令，江戶時代，寺院及神社的領地（寺社領）得到官方的認可，可免繳地租；到了明治時代，隨著廢藩置縣的推行，政府先後在明治4年（1871）及明治8年（1875）發布兩次上知令沒收寺社的土地。由於寺社的領主權力被瓦解，寺社領本身也喪失法律依據。因實施地租改正，在全國土地均要繳納地租的原則下，包括寺社領等先前擁有免稅特權的土地，均遭到取消。

44 原文是「うち山や　とざましらず　花ざかり」。宇知山（即內山）永久寺是真言密宗的寺院，講授的是不外傳的秘法，因此外人無法窺知內部的狀況，自然也不知道現在山內正值櫻花盛開。

45 神佛分離令，明治元年（1868）3月28日，明治政府頒布一道「神佛分離令」，將神道與佛教區別開來，卻因誤解引發「廢佛毀釋」運動，造成佛教受到迫害，使得日本佛教衰退。

46 攝社，或稱末社，是指在神社的本社之外受到該神社管理的小型神社，多祭祀著與主祭神相關的神明。

47 割拜殿，拜殿的建築樣式之一，即將中央入口處設計為通往本殿的通道，通道上則加蓋唐破風屋頂，從正面看拜殿就如同被通道一分為二，故稱為「割拜殿」。

48 山門，佛寺的大門，又稱「三門」、「三解脫門」。

49 藤原鎌足，即中臣鎌足，飛鳥時代的政治家，也是日本史上最大的氏族「藤原氏」的始祖。為大化革新的中心人物，革新後作為中大兄皇子（天智天皇）的心腹相當活躍，奠定藤原氏繁榮的基礎。

50 客佛，是指從其他寺院遷移過來的佛像，而非該寺原有的佛像。

51 藤原廣嗣之亂，發生在奈良中期上層貴族之間爭奪權勢的內訌。對政權感到不滿的藤原廣嗣在九州太宰府舉兵叛亂，後來遭到官軍鎮壓。

52 山背（やましろ），即山城國，相當於現在的京都府南部。古時寫作「山代」，7世紀時寫作「山背」。據說「山背」的由來，是因為從平城京的角度來看，山城國「位於奈良山背後」，因而得其名。

53 山邊道勾岡上陵，根據《古事記》記載，「御陵位在山邊之道轉角的小丘上（御陵は山　の道の勾りの岡の上にあり）」。

54 乙巳之變，是指中大兄皇子與中臣鎌足等人於大化元年（645）所發起的政變，他們在板蓋宮暗殺蘇我入鹿，造成蘇我家滅亡，使得皇極天皇退位，改由孝德天皇即位。而乙巳之變後所實施的一連串政治改革，就是「大化革新」。

55 「四獸俱全，三面環山（四禽図にかない　三山が鎮をなす）」，四獸是風水中的四獸，即左青龍、右白虎、前朱雀、後玄武，符合此一風水格局就是理想的地形。而三面環山則是西、北、東有山環繞。

56 歌垣，是指年輕男女在特定的日子相聚，向對方誦唱求愛歌謠的習俗。

57 冠位十二階，於604年所制定，605年～648年所實施的冠位制度。是日本史上首度出現的冠位與位階制，隨著該制度的成立，開啟了人材登用的大門。

58 筋違道（すじかいみち），「筋違」原指建築物在垂直的柱與柱間以對角線用來補強的支柱，因太子道相對於工整的南北條坊制道路呈現西偏而得此稱呼。

59 東國，是日本在近代以前的一種地理概念，為大和朝廷對東海到鈴鹿關、不破關以東的地方之稱呼。東國範圍包括關東地方及東海地方。

60 玉垣，圍繞在神社、神域周圍的木柵欄，用以區隔神域與俗世。亦稱作「瑞垣」。

61 飛石，日本庭園中散佈在各處作為步道的踏腳石。

62 茂古森的日文是「もうこのもり」，即取「不會再追過來了吧（もうこないだろう）」的諧音。

63 曼荼羅，藏語發音為「dkyil-'khor」（吉廓），本意為「圍繞著一個中心」。意譯「壇」、「壇場」、「壇城」、「輪圓具足」、「聚集」等，原是印度教中為修行所需要而建立的一個小土台，後來也用繪圖方式製作。

64 吉備真備，奈良時代的學者、公卿。曾任兩次遣唐使。

65 橘諸兄，奈良時代的皇族、公卿。光明皇后的異父兄。因藤原不比等的四個兒子相繼病死，因而先後晉升為大納言、右大臣、左大臣。與玄昉、吉備真備等人聯繫，成為一大新興勢力。

66 任那，在古代被認為位於朝鮮半島的地域，相當於三韓中的弁辰、弁韓之地。

67 八十衢，「衢（ちまた）」是指岔道，後來引伸為人群眾多且熱鬧的街道。道路向八方分岔稱為「八衢」。而「八十衢」是八衢的十倍多，用來形容當時海石榴市的繁華景象。

68 宿場町，宿場也稱為宿驛，相當於古代的驛站或現代的公路休息站及服務區。以宿場為中心所形成的街町稱作「宿場町」。

69 役小角，飛鳥時代至奈良時代知名的咒術師，也是日本修驗道始祖。平安時代，因山嶽信仰的盛行，朝廷追贈他「行者」的尊稱，之後才通稱「役行者」。

70 氏子，氏神是指居住在同一聚落或地域的居民共同祭祀的神道神祇，共同信仰此神祇的信徒就稱作氏子。

71 御幣，在細長的樹枝或竹枝上掛上以細長白紙剪裁的紙條，用以驅邪。

72 土用丑日，原是指土用之間的丑日。一年有4次土用，四季各1次。現在多指夏季的土用丑日。

73 壬申之亂，天武元年六月，天智天皇之子大友皇子與天皇的胞弟大海人皇子為爭奪皇位繼承權，引發長達約一個月的內亂。是日本古代發生的最大型內亂。

74 檀家，是指特定寺院的信徒家庭，持續提供寺院經濟援助，喪葬、法事等全由該寺一手包辦。檀家內的人稱作「檀徒」。

75 山伏，是指在山中修行的修驗道行者，又稱「修驗者」。

76 明神型鳥居，日本最原始型態的鳥居呈「开」字狀，由上而下依序由笠木、貫及柱所構成，此即「神明型鳥居」，是模仿鳥棲木的形式所建造的。一般較常見的鳥居則是「明神型」，與前者的不同之處為：在笠木下多了一條較短且緊貼笠木的橫材「島木」、島木與貫之間多了一條名叫「額束」的垂直支撐材、「貫」貫穿左右兩側的柱向外伸出、左右兩側的柱略向內側傾斜、笠木兩端微微向上翹起，稱作「反增」。

77 脇鳥居，是指緊靠在鳥居旁的小鳥居。

78 依代，是指神靈所附身的對象，除了意指神體外，有時也意指神域。又稱作「憑代」。

79 三諸神奈備，「神奈備」是指神靈所依附的領域或自然環境。「三諸」是指神靈降臨所寄宿的神聖場所，例如有神靈盤據的山、森林、洞窟等。有時亦用來指「三輪山」。

80 字，行政區劃的單位，分成大字（おおあざ）與小字（こあざ）。小字為江戶時代表示比町還小的區域，大字則是明治時期由於導入市町村制而合併多個區劃時，用來標示合併前的地址。兩者皆為古地名的留存，現今寫住址的時候通常會省略。

81 講，由同一宗教信仰的信徒所組成的團體，像是前往神社、佛寺參拜或進行捐贈等。

82 原文是「吉野山 峰の白雪 ふみわけて 入りにし人の 跡ぞ恋しき」。靜御前與源義經在吉野分別後，被源賴朝招喚前往鶴岡八幡宮前為妻子北條政子獻舞一曲。當時已身懷源義經骨肉的靜御前，就誦唱這首出

自《古今和歌集》的冬歌，表達對源義經的思慕之情。

83 河內國，相當於現在的大阪府東部。大阪府交野市也位在這裡。

84 大倭國國鳥見白庭山，大倭國即大和國，國鳥見白庭山位於現在的奈良縣生駒市。

85 神宮寺，是指在日本神佛習合思想下，附屬在神社的佛教寺院或佛堂。又名別當寺、神護寺、神願寺、神供寺、神宮院、宮寺。

86 這首歌是節錄山上憶良的《好去好來歌》，原文是「……諸々の大御神たち　船舳に導きまをし　天地の大御神たち　倭の大国霊　久方の天の御虚ゆ　天かけり見落とし給ひ」，內容是祈求遣唐使一行人回國途中一路平安。譯文是根據原文通譯翻譯而成。

87 神武東征，是指日本神話中，初代神武天皇率兵自日向（九州宮崎縣）出發向東征服大和的故事。

88 紀元二六〇〇年，神武天皇即位紀元簡稱皇紀，是以日本神話中的第一代神武天皇即位元年開始算起，比現行西曆早660年，因此昭和15年（1940）正好是紀元2600年。二次大戰後便鮮少使用。

89 原文是「飛ぶ鳥の明日香の里を置きて去なば君があたりは見えずかもあらむ」。這首歌是元明天皇於和銅3年從藤原京遷都平城京，當御轎停留在長屋原時遙望故里，有感而發所寫下的歌。以情歌的手法，表達對舊都的惜別之情。

90 枕詞，和歌中的枕詞是用來表現某個可見的具體事物現象的語彙，通常是用五個音所組成的定型句，用以修飾跟在其後的詞，或是調整語調。

91 好字二字令，和銅6年（713）5月，元明天皇頒布「諸國郡鄉名著好字令」，下令日本全國各地一律使用2個字的地名。又名「好字二字令」、「好字令」。

92 令制八省，日本律令制下的中央官制以二官八省為基本體制。二官是指神祇官及太政官；八省是由左弁官局與右弁官局所構成，各自管轄四省，前者掌管中務省、式部省、治部省及民部省，後者則掌管兵部省、刑部省、大藏省及宮內省。

93 宿坊，主要是由佛教寺院提供給僧侶或參拜者使用的住宿設施。

94 參勤交代，是指江戶時代，各藩藩主定期前往江戶值勤一段時間，再返回自己領土執行政務的制度。又稱「參覲交代」。

95 關於「暗峠」地名的由來眾說紛紜。由於當地的坡度之陡足以讓馬鞍翻面，因此被稱作「借鞍」、「換鞍」；而小椋山是生駒山的延續，因此被稱作「椋根」；後來由於當地樹木茂盛，即使白天也相當陰暗，因而稱作「暗峠」。

96 原文是「春過ぎて　夏来るらし白たへの　衣ほしたり　天の香具山」，譯文引用李濯凡譯注《日本古典和歌百人一首》（首都師範大學出版，1994）。當時可能有在夏季曬白布的習俗。持統天皇藉由看到面向香具山曬白布的景象，體會到夏季的來臨，因而詠歌。整首歌給人清爽的感覺。

97 原文是「こもりくの　泊瀬小国に　妻しあれば　石は踏めども　なほし来にける」，「こもりく」是「泊瀬」的枕詞。

98 原文是「巽高取雪かと見れば、雪ではござらぬ土佐の城」，土佐是城下町高取的舊名，這首歌是在讚頌高取城的雪白城牆。

99 僧尼令，養老令的編目之一，用以統制佛教教團僧尼的法令，針對僧尼的犯罪、破戒等有詳細的規範與處置。

100 大軌，大阪電氣軌道的簡稱。

101 方八町，約一公里見方。

102 國人，日本南北朝時代、室町時代的地方豪族，即國人領主。總稱為國眾、國人眾。

103 奈良曬，是指自慶長年間（1596～1615）以來奈良地方所生產的麻布。原先是作為僧侶袈裟用的布料，16世紀末隨著曬布技術的改良，在受到德川幕府的保護下急速發展。後來成為武士、町人禮服等之用的高級布料。

104 町屋，職人與商人兼當住居與店舖的民房。

105 藩札，江戶時代，各藩為填補財政虧空而在領地內自行發行的紙鈔，只能在領國內使用。原則上可與幕府貨幣交換。

106 原文是「今井しんど屋は大金もちや　金の虫干し玄関までも」及「大和の金は今井に七分」，用來形容當時的商業都市今井町的繁榮。「今井しんど屋」是指山尾家，屋號為「新堂屋」，經營匯兌。

107 櫓，城郭內作為防禦及瞭望用所興建的常設建築。

108 出丸，從本城突出並設置的區域。

109 石高，石高制是日本幕府時代用以表示土地生產力的一種制度，自1582年羽柴秀吉實施太閤檢地起開始實施，一直到明治六年（1873）實施地租改正為止。

〈参考文獻〉
《NHK平城京ロマンの旅》NHK平城京プロジェクト
《平城京全史解説─正史・続日本紀が語る意外な史実》大角修
《歴史群像シリーズ　飛鳥王朝史─聖徳太子と天智・天武の偉業》（以上皆為學習研究社）
《奈良の旅》松本清張、樋口清之（学研パブリッシング）
《近代天皇制と古都》高木博志
《奈良の寺─世界遺産を歩く》奈良文化財研究所編
《シリーズ日本古代史（5）平安京遷都》川尻秋生（以上皆為岩波書店）
《奈良》永島福太郎
《古代の都1　飛鳥から藤原京へ》木下正史、佐藤信編
《古代の都2　平城京の時代》田辺征夫、佐藤信編
《奈良と伊勢街道》木村茂光、吉井敏幸編
《日本食物史》江島絢子・石川尚子・東西柳祥子
《古代を考える　山の辺の道─古墳・氏族・寺社》和田萃編
《奈良市史　通史四》奈良市史編纂委員会（以上皆為吉川弘文館）

《県史29　奈良の歴史》和田萃・安田次郎・幡鎌一弘・谷山正道・山上豊
《奈良県の歴史》和田萃・安田次郎・幡鎌一弘・谷山正道・山上豊
《奈良県の歴史散歩・上　奈良県北部》なら高等学校教科等研究会歴史部会編
《奈良県の歴史散歩・下　奈良県南部》なら高等学校教科等研究会歴史部会
《奈良県の百年　県民百年史29》鈴木良・山上豊・竹末勤・竹永三男・勝山元照（以上皆為山川出版社）
《奈良県史〈1〉地理─地域史・景観》奈良県史編集委員会
《奈良県史〈4〉条里制》奈良県史編集委員会
《奈良県史〈5〉神社》奈良県史編集委員会
《奈良県史〈6〉寺院》岩城隆利、大矢良哲編著
《奈良県史〈12〉民俗（上）》奈良県史編集委員会、岩井宏貴編
《奈良県史〈14〉地名─地名伝承の研究》奈良県史編集委員会（以上皆為名著出版）
《大和・飛鳥考古学散歩（増補新版）》伊達宗泰
《大和の考古学50年─橿原考古学研究所の歩み》橿原考古学研究所編（以上皆為學生社）
《図説　飛鳥の古社を歩く─飛鳥・山辺の道》和田萃

《大人のための修学旅行—奈良の歴史》武光誠（以上皆為河出書房新社）
《奈良の平日—誰も知らない深いまち》浅野詠子
《日本書紀　全現代語訳〈上〉》宇治谷孟譯
《日本の歴史〈03〉大王から天皇へ》熊谷公男
《日本の歴史〈04〉平城京と木簡の世紀》渡辺晃宏（以上皆為講談社）
《奈良県謎解き散歩》大宮守友編著
《聖徳太子事典》黛弘道、武光誠編著（以上皆為新人物往來社）
《吉野　仙境の歴史》前園実知雄・松田真一編著
《飛鳥の覇者—推古朝と斉明朝の時代》千田稔
《古代の三郡を歩く　平城京の風景》上田正昭・千田稔（以上皆為文英堂）
《奈良大和路の年中行事》田中真人
《古寺巡礼奈良　唐招提寺》井上靖・森本孝順（以上皆為淡交社）
《こんなに面白い奈良公園》入江泰吉・青山茂
《私の日本古代史〈下〉《古事記》は偽書—継体朝から律令国家成立まで》上田正昭（以上皆為新潮社）

《地名の由来を知る事典》武光誠
《奈良の地名由来辞典》池田末則編（以上皆為東京堂出版）
《最新47都道府県うんちく事典》八幡和郎
《意外な歴史が秘められた関西の地名1000》武光誠
《奈良の寺社150を歩く》山折哲雄監修，槇野修著（以上皆為PHP研究所）
《古代史の謎を攻略する　古代・飛鳥時代篇》
《古代史の謎を攻略する　奈良時代篇》以上皆為松尾光著（笠間書院）
《「伝承」で歩く京都・奈良─古都の歴史を訪ねて》本島進（慧文社）
《大和国歌枕》佐佐木忠慧（おうふう）
《日本の伝説〈13〉　奈良の伝説》岩井宏美・花岡大学（角川書店）
《奈良新発見─いまに生きる歴史を歩く》奈良県歴史教育者協議会編（かもがわ出版）
《父祖たちの風景》上杉朋史（響文社）
《鉄道地図の楽しい読み方─時刻表には夢と不思議がいっぱい》所澤秀樹（ベストセラーズ）
《奈良謎ときと散歩─万葉人の息吹と古代のロマンを訪ねて》吉田甦子（廣済堂出版）

《日本魔界案内—とびきりの「聖地・異界」を巡る》小松和彦（光文社）
《古代大和を歩く》森川禮次郎（産經新聞出版）
《探訪　日本の歴史街道》楠戸義昭（三修社）
《奈良—歴史と美術》浅野清（社会思想社）
《郷土史事典奈良県》岩城隆利（昌平社）
《大学的奈良ガイド—こだわりの歩き方》奈良女子大学文学部なら学プロジェクト編（昭和堂）
《奈良名所むかし案内—絵とき「大和名所図会」》本渡章（創元社）
《図説　平城京事典》奈良文化財研究所編（柊風舍）
《青山四方にめぐれる国（奈良県誕生物語）》（奈良県）
《奈良市史　地名編》奈良市史編集委員会（奈良市）
《聞き書　奈良の食事　日本の食生活全集2》日本の食生活全集なら編集委員会（農林漁村文化協会）
《陰陽道の発見》山下克明（日本放送出版協会）
《熊野　八咫烏》山本殖生（原書房）

《日本昔ばなしの裏話》合田一道（扶桑社）
《奈良の昔話　奈良町編》増尾正子（ブレーンセンター）
《謎の豪族　蘇我氏》水谷千秋（文藝春秋）
《蘇我氏の古代史―謎の一族はなぜ滅びたのか》武光誠（平凡社）
《日本人として知っておきたい地名の話》北嶋廣敏（毎日新聞社）
《大和おもしろ話》横林宜博（読売奈良ライフ）
《鉄道ジャーナル》（成美堂出版）
東京新聞／毎日新聞／産經新聞／四國新聞

特定非營利活動法人 奈良 MAHOROBA Sommelier 協會

## 何謂奈良MAHOROBA Sommelier協會

本會主要是由通過奈良當地的檢定考試「奈良 MAHOROBA Sommelier」檢定最高級，取得「奈良 MAHOROBA Sommelier」資格的會員所發起的「奈良通」協會。成立於 2011 年 4 月，2013 年成為非營利法人組織（NPO）。會員人數約 240 名（2014 年 1 月）。

活用奈良愛好者的熱情、知識與經驗，推廣下列活動：

1．奈良縣各地散步、觀光的企劃與導覽

2．研討會及演講的企劃與實施，以及派遣講師前往各種演講會及縣內學校

3．寺社及史跡的保存與美化，並支援傳統祭典儀式的繼承

4．為報紙與網路媒體的專欄執筆等資訊提供

5．與旅行社合作舉辦巴士旅遊等的企劃與導覽

除此之外，今後亦預定出版書籍刊物以及其他活動企劃等。

※ 本會官網：http://www.stomo.jp/

官方部落格：http://nara-stomo.seesaa.net/

照片為 2013 年 6 月於奈良女子大學舉辦的「公開講座」

國家圖書館出版品預行編目 (CIP) 資料

奈良「地理．地名．地圖」之謎：解讀「平城京」不為人知的歷史！/ 奈良 MAHOROBA Sommelier 協會監修；黃琳雅譯．-- 初版．-- 新北市：遠足文化，2017.06 --（浮世繪；34）
譯自：奈良「地理．地名．地図」の謎
ISBN 978-986-94704-9-0（平裝）

1. 人文地理　2. 歷史　3. 日本奈良市

731.755185　　106007518

浮世繪 34

# 奈良「地理・地名・地圖」之謎

## 奈良「地理・地名・地図」の謎

監修——奈良 MAHOROBA Sommelier 協會
譯者——黃琳雅
總編輯——郭昕詠
責任編輯—徐昉驊
編輯——王凱林、賴虹伶、陳柔君
通路行銷—何冠龍
排版——簡單瑛設
社長——郭重興
發行人兼
出版總監—曾大福
出版者——遠足文化事業股份有限公司
地址——231 新北市新店區民權路 108-2 號 9 樓
電話——(02)2218-1417
傳真——(02)2218-8057
電郵——service@bookrep.com.tw
郵撥帳號—19504465
客服專線—0800-221-029
部落格——http://777walkers.blogspot.com/
網址——http://www.bookrep.com.tw
法律顧問—華洋法律事務所 蘇文生律師
印製——呈靖彩藝有限公司

初版一刷 西元 2017 年 6 月
Printed in Taiwan